oscar bestsellers

un libro di:

....

....

antonella clerici

ambra romani

sergio barzetti

tutti a tavola!

la PROVA del CUOCO

Rai Eri
OSCAR MONDADORI

tutti a tavola!

PROGETTO GRAFICO: BEPPE DEL GRECO

FOTOGRAFIE: ROBERTO GUBERTI (PER LE FOTO IN STUDIO)
RICCARDO LETTIERI (PER LE RICETTE DI SERGIO BARZETTI)
SIMONE LUCHETTI (PER LE RICETTE DI AMBRA ROMANI)

WWW.LIBRIMONDADORI.IT

ISBN 978-88-04-64732-4

PRIMA EDIZIONE comefare NOVEMBRE 2013
PRIMA EDIZIONE OSCAR BESTSELLERS NOVEMBRE 2014

indice

Antonella

Le ricette si sperimentano...
le ricette si tramandano...
le ricette sono piene d'amore.

Dedicato alle nostre bambine,
l'Amore Maiuscolo

A Maelle

Ad Anita

A Gloria

Ambra

Sergio

tutti a tavola!

le nuove ricette della prova del cuoco

prefazione

Un libro da dividere in tre.

Tra una bionda conduttrice golosa e godereccia, un gentiluomo di campagna maniaco dell'alloro come un imperatore romano, e una giovane donna mix di culture con un carattere di ferro però dolce con i dolci.

Dalle mie ricette facili e veloci alla fantasia geniale ma semplice della cucina di Sergio ai dolci moderni di Ambra, per mettere in tavola in poco tempo e con allegria tante ricette per tutti i giorni dell'anno.

Direttamente dalle cucine della "Prova del cuoco" alle case di tutti gli italiani, che da 14 anni amano questo programma unico e inimitabile, per imparare divertendosi...

E allora buone ricette felici a tutti i lettori!

È il secondo anno che condivido questa esperienza "letteraria" con Sergio e ne sono veramente felice.

Dalla scorsa edizione della trasmissione si è messo in testa che vicino a lui, nel nostro "passo a due", avrei imparato finalmente a cucinare, a fare delle belle presentazioni dei piatti, ma, ahimè, ha perso la sua scommessa!

Io, invece, la mia scommessa l'ho vinta.

"Sergione", il maestro che non voleva fare televisione, lui che credeva di non essere adatto, lui che pensava di non saper spiegare, raccontare la sua arte culinaria! Paradossalmente la timidezza l'ha aiutato a tirare fuori la sua vena artistica, la sua creatività, ed è riuscito a trovare il canale giusto per arrivare alla gente!

Da quando è alla "Prova del cuoco", e questo ormai è il suo quarto anno, è come ringiovanito sia nel look sia nel linguaggio, nel modo in cui sa ammiccare alla telecamera... è quasi diventato uno showman!

Ed è davvero un genio! È geniale nell'utilizzare e abbinare la molteplicità e la varietà dei prodotti pur realizzando ricette semplici; le sue sono il genere di ricette che ti viene voglia di rifare immediatamente.

Sergio è un amante della mise en place, cura l'impiattamento tanto quanto la ricetta stessa e la ricerca degli abbinamenti. È curioso e studioso, e questo binomio fa sì che la sua ricerca di novità, la sua creatività siano sempre in "massima allerta" per realizzare piatti semplici e mai banali.

Sergio vive nella nebbia e al freddo di Malnate, in provincia di Varese, con la sua bella moglie Laura, consigliera tuttofare, e Anita, la sua piccola adorata bimba coetanea della mia Maelle.

La sua casa e il suo modo di vivere rappresentano appieno lo stile nordico per rigore, concentrazione e determinazione, ma la sua italianità esce dalle sue ricette fantasiose e dalle sue lezioni, che ti rimangono impresse come un tatoo. Moderno e tradizionale insieme, le sue infinite contraddizioni ne fanno un personaggio unico, ma soprattutto una persona speciale.

sergio

i miei primi...

...semplici e sfiziosi!

BUCATINI AL PESTO DI OLIVE E MANDORLE

Ingredienti per 6 persone

- 480 g di pasta tipo bucatini
- 70 g di olive di Gaeta denocciolate
- 100 g di mandorle pelate
- 200 g di pomodorini ciliegino
- 50 g di parmigiano grattugiato
- 40 foglie di basilico
- 2 foglie di alloro
- olio extravergine d'oliva q.b.
- sale q.b.

Procedimento

Lessare i bucatini in acqua salata e profumata con l'alloro.

Nel frattempo, frullare le olive con 2-3 pomodorini, il parmigiano, le mandorle e 4 cucchiai di olio. Aggiungere il basilico e frullare ancora, bagnando se necessario con un mestolo di acqua di cottura della pasta.

Tagliare i pomodorini rimasti a metà e scottarli per 3 minuti in padella con un filo di olio.

Scolare e condire la pasta con il pesto di olive accompagnando con i pomodorini.

Il parere di Antonella

Il sugo di questa pasta è una "genialata". Con il frullatore a immersione e ingredienti che tutti abbiamo in casa, realizziamo un piatto da gran gourmet. Impegno al minimo, resa al top... Provare per credere!

BUCATINI CON COZZE E PUNTARELLE

Ingredienti per 6 persone

- 480 g di pasta tipo bucatini
- 1,5 kg di cozze
- 1 cespo di puntarelle
- 1 mazzetto di prezzemolo
- foglie di basilico q.b.
- 1 lamella di peperoncino
- 1 bicchiere di vino bianco secco
- 2 patate
- 2 foglie di alloro
- olio extravergine d'oliva q.b.
- sale e pepe q.b.

Il parere di Antonella

Che c'entrano le cozze con le puntarelle? L'amalgama sta nelle patate e nell'accostamento tra sapori che apparentemente non si appartengono. Un piatto forse rischioso, ma dal risultato sorprendente!

Procedimento

Lavare e tagliare finemente a julienne le puntarelle. Farle arricciare in acqua fredda, scolare, condire con olio, sale e pepe.

Pulire le cozze, spazzolarle con cura ed eliminare il bisso. Disporle in una casseruola, profumare con qualche foglia di prezzemolo e basilico, 1 foglia di alloro, il peperoncino, il vino e incoperchiare. Cuocere a fiamma moderata fino a completa apertura delle valve. Lasciare intiepidire, quindi estrarre i frutti e tenerli da parte.

Filtrare il liquido di cottura delle cozze (passandolo attraverso un panno o una garza di cotone), trasferirlo in una padella, diluire con un mestolo di acqua di cottura della pasta e aggiungere le patate sbucciate e tagliate a tocchetti. Cuocere per 6-7 minuti.

Nel frattempo, lessare la pasta in acqua salata e profumata con la foglia di alloro rimasta. Scolare molto al dente e trasferire nella padella di cottura delle patate. Ultimare la cottura e, a fuoco spento, unire le cozze, il prezzemolo tritato, un filo di olio a crudo e servire accompagnando con le puntarelle croccanti.

CREMA DI PATATE E ZUCCA

Il parere di Antonella

Porro + patate + zucca, una crema per le fredde giornate invernali, ma anche un bel conforto per il palato, soprattutto se oltre al parmigiano fate sciogliere nella zuppa un pezzo di taleggio...

Ingredienti per 6 persone

- 500 g di patate
- 500 g di polpa di zucca
- 1 mazzetto di prezzemolo
- 1 porro
- 1 lamella di peperoncino
- 300 ml circa di latte
- 100 g di parmigiano grattugiato
- 1 foglia di alloro
- 50 g di burro
- sale e pepe q.b.

Procedimento

Sbucciare le patate, lavarle e ridurle a dadini. Tagliare la zucca a pezzetti. Lavare il prezzemolo e tritarlo.

Pulire il porro privandolo delle radici, delle foglie esterne e della parte verde più dura. Lavarlo, tagliarlo a rondelle e rosolarlo per qualche minuto con 30 g di burro e l'alloro, mescolando. Unire le patate e la zucca, rosolarle brevemente, aggiungere il peperoncino, coprire con acqua e insaporire con un pizzico di sale e pepe. Portare a bollore e cuocere per circa 30 minuti, quindi togliere dal fuoco, eliminare il peperoncino e l'alloro e passare il composto al passaverdura, unire il latte scaldato a parte e riportare a bollore (aggiungere altro latte, se necessario, per ottenere la densità desiderata). Togliere dal fuoco, unire il burro rimasto tagliato a pezzetti e amalgamarlo.

Spolverare con il prezzemolo e il parmigiano e servire.

CRESPELLE CON ZUCCHINE E MOZZARELLA

Il parere di Antonella

Questo primo leggero e gustoso è un piatto simpatico da cucinare in famiglia, magari con i bambini. Preparate qualche crespella in più, così potrete utilizzarle la domenica nel brunch con Nutella e marmellata!

Ingredienti per 6 persone

- 6 zucchine
- 350 g di mozzarella per pizza
- 150 g di ricotta vaccina
- 150 g di parmigiano grattugiato
- 1 foglia di alloro
- olio extravergine d'oliva q.b.
- sale q.b.

~ Per le crêpe (circa 12 crêpe di 15 cm di diametro)

- 200 g di farina 00
- 3 uova
- ½ l di latte
- olio extravergine d'oliva o burro q.b.
- sale q.b.

Procedimento

Per le crêpe, in una ciotola sbattere le uova con una frusta. Sempre mescolando con la frusta, unire poco alla volta la farina setacciata, un pizzico di sale e infine il latte. Lavorare fino a ottenere una pastella liscia e omogenea. Far riposare al fresco per almeno 1 ora.

Scaldare un padellino di ferro (oppure antiaderente), spennellarlo con un filo di olio (oppure con una noce di burro fuso) e versarvi una piccola quantità di pastella. Ruotare rapidamente il padellino affinché la pastella si distribuisca uniformemente sul fondo formando un velo sottile. Cuocere le crespelle da ambo i lati a fiamma moderata, girandole con una spatola. Farle raffreddare adagiandole l'una sopra l'altra su un piatto rovesciato.

Tagliare le zucchine a dadini, rosolarle in una padella con un filo di olio e l'alloro per 6-8 minuti. Salare, spegnere il fuoco, incoperchiare e far riposare. Tritare la mozzarella.

Distribuire un velo di ricotta su ciascuna crespella, aggiungere una cucchiaiata di zucchine, la mozzarella e una spolverata di parmigiano. Richiudere a mezzaluna e disporre in una teglia rivestita con carta da forno. Guarnire la superficie delle crespelle con le zucchine, la mozzarella e il parmigiano rimasti e gratinare in forno preriscaldato a 185 °C per 8 minuti, quindi servire.

CRESPELLE DI ZUCCA E LATTUGA

- Ingredienti per 6 persone
- 500 g di zucca mondata
- 1 cespo di lattuga
- parmigiano grattugiato q.b.
- burro q.b.
- sale e pepe q.b.

~ Per le crêpe (circa 12 crêpe di 15 cm di diametro)
- 200 g di farina 00
- 3 uova
- ½ l di latte
- olio extravergine d'oliva o burro q.b.
- sale q.b.

~ Per la crema di latte alla salvia
- 400 ml di latte
- 30 g di amido di mais
- 30 g di parmigiano grattugiato
- 10 foglie di salvia
- 2 foglie di alloro
- sale q.b.

Procedimento

Per le crêpe, in una ciotola sbattere le uova con una frusta. Sempre mescolando con la frusta, unire poco alla volta la farina setacciata, un pizzico di sale e infine il latte. Lavorare fino a ottenere una pastella liscia e omogenea. Far riposare al fresco per almeno 1 ora.

Scaldare un padellino di ferro (oppure antiaderente), spennellarlo con un filo di olio (oppure con una noce di burro fuso) e versarvi una piccola quantità di pastella. Ruotare rapidamente il padellino affinché la pastella si distribuisca uniformemente sul fondo formando un velo sottile. Cuocere le crêpe da ambo i lati a fiamma moderata, girandole con una spatola. Farle raffreddare adagiandole l'una sopra l'altra su un piatto rovesciato.

In una padella, scaldare una noce di burro e aggiungervi la lattuga lavata, asciugata e sminuzzata. Far appassire leggermente, quindi aggiungere la polpa di zucca tagliata a dadini, salare e pepare. Incoperchiare e cuocere per 10 minuti. Ultimare la cottura scoperto per far evaporare. Togliere dal fuoco, unire 80 g di parmigiano e far raffreddare.

Nel frattempo, portare a bollore il latte salato e profumato con l'alloro. Aggiungere l'amido di mais stemperato in poca acqua fredda o latte e cuocere, mescolando, per circa 1 minuto. Togliere dal fuoco, far riposare, quindi mantecare con il parmigiano e la salvia tritata finemente.

Spalmare il composto di verdure su ciascuna crêpe e arrotolare a cannolo. Tagliare le crêpe a metà, disporle in una teglia, spolverare con parmigiano e qualche fiocco di burro e gratinare in forno preriscaldato a 210 °C per 8 minuti.

Servire le crespelle accompagnando con la crema leggera alla salvia.

FARFALLE AL SUGO DI VERDURE DI PRIMAVERA

Ingredienti per 6 persone

- 450 g di pasta secca tipo farfalle
- 500 g di asparagi verdi
- 300 g di piselli freschi ripuliti dal baccello
- 1 mazzetto di agretti
- 3 zucchine novelle
- 100 g di taccole
- 1 mazzetto di fiori di zucchina
- maggiorana q.b.
- 100 g di parmigiano grattugiato
- 1 lamella di peperoncino
- 30 g di burro
- 2 foglie di alloro
- sale q.b.

Procedimento

Mondare, pelare e scottare gli asparagi per 6 minuti in acqua bollente profumata con l'alloro, scolarli e tagliarli a lamelle per traverso; nella stessa acqua scottare i piselli per 3 minuti e farli raffreddare in acqua fredda.

Lavare accuratamente gli agretti, lessarli per circa 3 minuti nell'acqua bollente di cottura degli asparagi e dei piselli e tenere da parte l'acqua per cuocere la pasta. Tagliare le zucchine e le taccole a listarelle, pulire i fiori di zucchina e tenerli da parte.

Spadellare per 3 minuti i piselli in una padella con metà del burro, e trasferirli in un frullatore con qualche foglia di maggiorana, la metà del parmigiano e, se necessario, bagnare con un mestolo di acqua di cottura delle verdure. Nella stessa padella sciogliere il burro rimasto, unire le taccole, le zucchine e il peperoncino e spadellare per almeno 6 minuti, quindi unire gli asparagi e gli agretti e regolare di sale.

Lessare la pasta in acqua salata, scolarla e condirla con la crema di piselli. Servire accompagnando con la spadellata di verdure, guarnire con un trito di fiori di zucchina e spolverare con il parmigiano rimasto.

FETTA DI RISOTTO AL POMODORO SERVITA CON MELANZANA E MOZZARELLA

Ingredienti per 6 persone

- 480 g di riso Carnaroli
- 200 ml di salsa di pomodoro
- 1 melanzana nera ovale
- 150 g circa di mozzarelline
- ½ cipolla bionda
- ½ bicchiere di vino bianco secco
- 2 l circa di brodo vegetale
- ½ cucchiaino di zucchero
- foglie di basilico q.b.
- parmigiano grattugiato q.b.
- 100 g di pomodorini ciliegino
- 1 foglia di alloro
- burro q.b.
- olio extravergine d'oliva q.b.
- sale q.b.

Il parere di Antonella

Il risotto è il mio "primo" preferito, soprattutto se giallo. Quando sono un po' giù o non mi sento tanto bene, mi cucino sempre il risotto con lo zafferano. Su di me ha proprietà terapeutiche!

Procedimento

Tritare finemente la cipolla. Far tostare il riso con un filo di olio, sfumare con il vino e bagnare con il brodo, unire la salsa di pomodoro, salare, aggiungere lo zucchero, qualche foglia di basilico e l'alloro. Cuocere, mescolando, fino a ottenere un risotto leggermente asciutto e al dente. Regolare di sale, mantecare con parmigiano e qualche altra foglia di basilico. Disporre il risotto in stampi da plum-cake leggermente unti di burro (1) e riporre in frigorifero per almeno 1 ora.

Nel frattempo, tagliare la melanzana a cubetti, disporli in una teglia rivestita con carta da forno, salare, condire con un filo di olio e cuocere in forno preriscaldato a 180 °C per circa 20 minuti. Tagliare i pomodorini.

Sformare e tagliare il risotto a fette (2), rosolarle in una padella con un filo di olio (3), trasferirle in una teglia rivestita con carta da forno, condire con i pomodorini, le melanzane, le mozzarelline e qualche foglia di basilico (4). Gratinare in forno a 180 °C per 5-6 minuti e servire.

1

2

3

4

5

FETTA DI RISOTTO GIALLO CON SALAMELLA CROCCANTE

Ingredienti per 6 persone

- 480 g di riso Carnaroli
- 400 g di zucca mantovana sbucciata
- 350 g di salamella mantovana
- ½ cipolla bionda
- 1 bicchiere di vino bianco secco
- 2 l circa di brodo vegetale
- parmigiano grattugiato q.b.
- 2 foglie di alloro
- burro q.b.
- sale q.b.

Procedimento

Tagliare la zucca a dadini.

Tritare finemente la cipolla e rosolarvi la zucca con una noce di burro e 1 foglia di alloro. Salare, incoperchiare e cuocere mescolando di tanto in tanto per almeno 8 minuti. Aggiungere il riso e farlo tostare per 4 minuti. Sfumare con ½ bicchiere di vino e bagnare con il brodo. Cuocere, mescolando, fino a ottenere un risotto leggermente asciutto e al dente. Regolare di sale e mantecare con parmigiano. Disporre il risotto in stampi da plum-cake leggermente unti di burro e riporre in frigorifero per almeno 1 ora.

Nel frattempo, sbriciolare la salamella dopo averla privata del budello (pellicola contenitiva). Rosolarla in una padella antiaderente con la foglia di alloro rimasta e sfumare con il rimanente vino.

Sformare e tagliare il risotto a fette, e rosolarle in una padella con una noce di burro finché la superficie risulterà croccante.

Servire le fette di risotto con una generosa cucchiaiata di salamella croccante e una spolverata di parmigiano.

FREGOLA CON PEPERONI, ZUCCHINE E RICOTTA ARROSTITA CON OLIO ALLE ERBE

Ingredienti per 6 persone

- 200 g di fregola tostata
- 2 peperoni rossi
- 1 peperone giallo
- 3 zucchine
- 1 ricotta di pecora (circa 250 g)
- erbe aromatiche (100 g di foglie di basilico, 10 foglie di menta, 4 rametti di maggiorana, 1 mazzetto di rucola, 100 g di prezzemolo)
- 4 pomodori perini sodi
- 1 spicchio di aglio
- 1 foglia di alloro
- olio extravergine d'oliva q.b.
- sale q.b.

Procedimento

Disporre la ricotta in una teglia rivestita con carta da forno e condire con poco sale, un filo di olio e qualche foglia di basilico spezzettata. Arrostire in forno preriscaldato a 175 °C per circa 30 minuti.

Nel frattempo, portare a bollore 1,5 l di acqua salata con l'alloro e versarla sulla fregola disposta in precedenza in un recipiente insieme a qualche foglia di menta, maggiorana e basilico. Far raffreddare.

Lavare le verdure e tagliare i peperoni a cubetti, le zucchine a fette, la polpa di pomodoro a cubetti (conservare la parte con i semi).

Spadellare a fiamma vivace i peperoni con un filo di olio e l'aglio, grigliare le zucchine, quindi tagliarle a striscioline.

Frullare le erbe aromatiche rimaste e la parte dei pomodori con i semi con 4 cucchiai di olio.

Scolare la fregola e sgranarla con un cucchiaio. Amalgamarla ai pomodori a cubetti, aggiungere i peperoni dopo aver eliminato l'aglio, le zucchine, condire con l'olio profumato e servire accompagnando con la ricotta arrostita.

GNOCCHI ALLA PARIGINA CON CREMA LEGGERA

Ingredienti per 6 persone

- 400 g di verza
- 250 ml di latte
- 150 g di farina 00
- 3 uova
- parmigiano grattugiato q.b.
- 50 g di gruyère
- 1 mazzetto di prezzemolo
- 2 foglie di alloro
- burro q.b.
- sale e pepe q.b.

Per la crema di latte

- ½ l di latte
- noce moscata q.b.
- 40 g di amido di mais
- sale q.b.

Il parere di Antonella

Molto veloce e facile la preparazione di questi gnocchi invernali con la verza e il gruyère. Tanti passaggi (l'ultimo in forno) per un piatto domenicale e familiare perfetto, soprattutto se fuori piove o nevica!

Procedimento

Per la crema di latte, portare a bollore il latte con una spolverata di noce moscata e sale. Aggiungere l'amido di mais stemperato in poca acqua fredda o latte e cuocere, mescolando, per circa 1 minuto.

Lavare e tagliare sottilmente la verza. Rosolarla con una noce di burro e 1 foglia di alloro, salare, incoperchiare e cuocere per circa 8 minuti.

In una casseruola, portare a bollore il latte con 50 g di burro. Aromatizzare con la foglia di alloro rimasta e insaporire con un pizzico di sale e pepe. Aggiungere la farina, togliere dal fuoco e mescolare energicamente con un cucchiaio di legno fino a ottenere un impasto liscio e omogeneo. Riportare sul fuoco e, sempre mescolando, cuocere a fiamma vivace finché l'impasto non si staccherà dal fondo e dai bordi formando una palla. Togliere di nuovo dal fuoco, trasferire in una ciotola e lasciare intiepidire, quindi incorporare un uovo alla volta, amalgamando fino a completo assorbimento prima di aggiungere il successivo. Unire 40 g circa di parmigiano, il gruyère tagliato a dadini e il prezzemolo tritato finemente.

Nel frattempo, portare a bollore abbondante acqua salata. Con l'aiuto di una sacca da pasticcere tuffarvi l'impasto confezionando piccoli gnocchi e cuocerli, pochi alla volta, per circa 5 minuti. Scolarli, farli raffreddare, disporli in una pirofila e condire con la crema di latte.

Aggiungere la verza, una spolverata di parmigiano e gratinare in forno preriscaldato a 220 °C per circa 8 minuti.

Servire caldi.

GNOCCHI DI PANE

Ingredienti per 6 persone

- 500 g di pane raffermo
- 1 l di latte
- 30 g di speck
- 1 spicchio di aglio
- 1 mazzetto di prezzemolo
- 100 g di pasta di salame o 1 salamella
- 3 uova
- 100 g di farina 00
- parmigiano grattugiato q.b.
- 1 foglia di alloro
- burro q.b.
- sale e pepe bianco q.b.

Procedimento

Tagliare il pane e ammollarlo per almeno 30 minuti nel latte.

Tritare lo speck, l'aglio, il prezzemolo e impastare il tutto con il pane strizzato. Aggiungere quindi la pasta di salame, le uova, la farina, 80 g circa di parmigiano, sale e pepe. Con le mani infarinate, confezionare degli gnocchi delle dimensioni di una prugna.

Tuffare gli gnocchi (pochi alla volta) in acqua bollente leggermente salata e profumata con l'alloro. Cuocere per 10 minuti, scolare e condire con abbondante parmigiano e una noce di burro caldo, quindi servire.

la PROVA del CUOCO
1
2

GNOCCHI DI SEMOLINO TRICOLORE

Ingredienti per 6 persone

- 300 g di semolino
- 800 ml di latte
- 3 carote
- 20 g di spinaci novelli
- noce moscata q.b.
- 2 uova
- parmigiano grattugiato q.b.
- 30 g di triplo concentrato di pomodoro
- 200 g di caprino
- 1 foglia di alloro
- burro q.b.
- sale q.b.

Procedimento

Grattugiare le carote. Lavare e asciugare gli spinaci.

Portare a bollore il latte con un pizzico di sale, l'alloro e una grattugiata di noce moscata. Eliminare la foglia di alloro, versare a pioggia il semolino e mescolare prima con una frusta, poi con un cucchiaio di legno. Cuocere mescolando per 5-7 minuti. Lasciare intiepidire, quindi aggiungere le uova, 40 g di parmigiano e lavorare con cura.

Dividere il composto in tre parti. Amalgamare una parte con il concentrato di pomodoro, un'altra con le carote e frullare l'ultima con gli spinaci.

Con l'aiuto di un porzionatore da gelato distribuire i composti, alternando i colori, in una teglia leggermente imburrata. Cospargere con parmigiano e gratinare in forno preriscaldato a 180 °C per circa 10 minuti.

Servire accompagnando con caprino fresco a ciuffetti.

GNOCCHI VERDI AL SUGO PROFUMATO

Ingredienti per 6 persone

- 800 g di patate a pasta gialla
- 100 g di farina 00
- 1 uovo
- 40 g di pinoli
- 25 foglie di basilico
- noce moscata q.b.
- 40 g di fecola di patate
- 1 rametto di timo
- 1 rametto di maggiorana
- 1 rametto di alloro
- 1 carota
- 1 gambo di sedano
- 1 confezione di conserva di pomodori pelati a pezzetti
- 1 pizzico di zucchero
- olio extravergine d'oliva q.b.
- sale q.b.

Procedimento

Lessare le patate in acqua profumata con 1 foglia di alloro, sbucciarle, passarle allo schiacciapatate e far raffreddare.

Frullare l'uovo con i pinoli, 20 foglie di basilico, una grattugiata di noce moscata e sale. Disporre a fontana la farina, la fecola e le patate, incorporarvi al centro il composto con l'uovo e impastare velocemente con le mani. Con l'aiuto di un coltello dividere l'impasto in fette di circa 2 cm di spessore, ricavare delle stringhe e confezionare tanti piccoli gnocchi (servendosi, a piacere, di una forchetta o di un'asse rigata) e sistemare su un tagliere abbondantemente infarinato.

Legare con dello spago da cucina i rametti di timo, maggiorana e alloro, il basilico rimasto e qualche pezzo di carota e sedano tagliati a bastoncino (mazzetto profumato).

In una casseruola, riunire la conserva di pomodori, un filo di olio e il mazzetto profumato. Aggiungere lo zucchero e regolare di sale. Cuocere a fiamma medio-bassa per circa 15 minuti.

Lessare gli gnocchi in acqua salata finché non affiorano (circa 1 minuto). Scolare, condire con la salsa profumata e servire.

LASAGNE ALLA MILANESE

- Ingredienti per 6 persone

~ Per la pasta

- 300 g di farina 00
- 3 uova
- 2 bustine di zafferano
- 1 foglia di alloro (per lessare la pasta)

~ Per la besciamella

- 90 g di burro
- 80 g di farina 00
- 1 l di latte
- noce moscata q.b.
- sale q.b.

~ Per il condimento

- 700 g di ossibuchi
- 1 costa di sedano
- 1 carota
- 1 cipolla bionda
- farina 00 q.b.
- 1 mazzetto profumato (rosmarino, salvia, prezzemolo e alloro)
- 1 bicchiere di vino rosso
- 50 g di salsa di pomodoro
- 400 ml di brodo vegetale
- 1 pizzico di zucchero
- 70 g di parmigiano grattugiato
- burro q.b.
- sale q.b.

~ Per la gremolada

- 1 limone non trattato
- parmigiano grattugiato q.b.
- 1 mazzetto di prezzemolo

✤ Procedimento

Per la pasta, disporre la farina a fontana, incorporarvi al centro le uova, sciogliervi lo zafferano e impastare fino a ottenere un composto liscio e omogeneo (1). Coprire con la pellicola e far riposare in frigorifero per almeno 30 minuti.

Per la besciamella, scaldare il burro e la farina e cuocere, mescolando, fino a ottenere un composto omogeneo e cremoso. Lasciare intiepidire, unire il latte precedentemente portato a bollore (2), profumare con la noce moscata e un pizzico di sale e proseguire la cottura per 10 minuti, sempre mescolando. Coprire con la pellicola e tenere da parte.

Per il condimento, tritare il sedano, la carota e la cipolla. Infarinare rapidamente gli ossibuchi e rosolarli in una padella (che possa andare anche in forno) con una noce di burro. Trasferire temporaneamente gli ossibuchi su un piatto ed eliminare il grasso in eccesso, quindi riportare sul fuoco unendo il mazzetto profumato e il trito di sedano, carota e cipolla. Rosolare per altri 2 minuti circa poi sfumare con il vino. Aggiungere la salsa di pomodoro, bagnare con il brodo, condire con sale e zucchero e incoperchiare oppure coprire con un foglio di carta da forno. Cuocere in forno preriscaldato a 180 °C per 50 minuti, scoprire e proseguire la cottura per altri 10 minuti. Spolpare gli ossibuchi, recuperando anche il midollo e battere al coltello la carne con il fondo di cottura (3).

Stendere la pasta in una sfoglia sottile, dividerla in rettangoli e scottarla in acqua bollente salata e profumata con l'alloro (4).

Comporre la lasagna in una pirofila, iniziando con una cucchiaiata di besciamella. Proseguire a strati alternando la pasta, la carne, la besciamella e il parmigiano (5). Cuocere in forno preriscaldato a 180 °C per 30-35 minuti.

Tritare finemente la scorza di limone, il parmigiano e abbondante prezzemolo (6).

Cospargere la superficie della lasagna con la gremolada e servire.

1

2

3

4

5

6

7

LASAGNE ESTIVE ALLA PARMIGIANA

Ingredienti per 6 persone

~ Per la pasta fresca al basilico

- 300 g di farina 00
- 2 uova
- 60 g di foglie di basilico
- 1 foglia di alloro (per lessare la pasta)

~ Per la crema di latte

- 1 l di latte
- noce moscata q.b.
- 75 g di amido di mais
- 1 foglia di alloro
- sale q.b.

~ Per il condimento

- 1 melanzana
- 150 g di pesto pronto
- 200 g di pomodorini datterino
- 100 g di parmigiano grattugiato
- 250 g di mozzarella fior di latte
- burro q.b.
- olio di semi di arachide q.b.

Procedimento

Per la pasta, frullare le uova con il basilico, unire la farina e impastare fino a ottenere un composto omogeneo. Coprire con la pellicola e far riposare in frigorifero per circa 1 ora.

Nel frattempo, tagliare a cubetti la melanzana, infarinarla, friggerla nell'olio e sgocciolarla su carta assorbente da cucina.

Per la crema di latte, portare a bollore il latte con una spolverata di noce moscata, un pizzico di sale e l'alloro. Eliminare la foglia di alloro, e aggiungere l'amido di mais stemperato in poca acqua fredda o latte e cuocere, mescolando, per circa 1 minuto.

Stendere la pasta in una sfoglia sottile, dividerla in quadrati e scottarla in acqua bollente salata e profumata con l'alloro.

In una pirofila imburrata, disporre uno strato di pasta, condire con la crema di latte, guarnire con gocce di pesto, i pomodorini tagliati a metà, il parmigiano, la mozzarella sfilacciata e le melanzane fritte. Proseguire alternando fino a esaurimento degli ingredienti. Ultimare con un velo di crema di latte, qualche pomodorino e completare con la mozzarella.

Cuocere in forno preriscaldato a 180 °C per circa 35 minuti e servire.

LASAGNE RICOTTA E SPINACI

Ingredienti per 6 persone

- 120 g di pasta secca per lasagne (tegole)
- 370 g di ricotta vaccina
- 1 kg di spinaci freschi
- 40 g di farina 00
- ½ l di latte
- noce moscata q.b.
- ½ peperoncino
- 1 spicchio di aglio
- parmigiano grattugiato q.b.
- 2 foglie di alloro
- 45 g di burro
- olio extravergine d'oliva q.b.
- sale e pepe q.b.

Procedimento

In una casseruola, scaldare il burro con la farina mescolando fino a ottenere un composto omogeneo e cremoso (roux), quindi lasciare intiepidire. A parte, scaldare il latte e insaporire con sale e una grattugiata di noce moscata. Prima che giunga a bollore, versarlo, mescolando, nel roux. Cuocere il composto, senza smettere di mescolare, per 7-10 minuti o comunque fino a ottenere una besciamella morbida, togliere dal fuoco e mantecare con 250 g di ricotta.

Lavare gli spinaci e sbollentarli in poca acqua con l'alloro e un filo di olio per circa 4 minuti. Scolarli, strizzarli e sminuzzarli, quindi saltarli in padella per 2-3 minuti con 2 cucchiai di olio, il peperoncino e lo spicchio di aglio schiacciato. Salare e pepare.

In una pirofila, stendere un velo di besciamella alla ricotta e proseguire alternando a strati le tegole di pasta, gli spinaci, la besciamella e una spolverata di parmigiano. Ultimare con la besciamella e la ricotta rimasta a cucchiaiate, spolverare con parmigiano e far riposare per 30 minuti. Cuocere in forno preriscaldato a 180 °C per circa 30 minuti, passando, se possibile, sulla funzione grill durante gli ultimi 5 minuti.

LE CHICCHE DI ANTONELLA

Ingredienti per 6 persone

- 1 kg di patate medie
- 70 g di farina 00
- 40 g di fecola di patate
- 1 uovo
- noce moscata q.b.
- 1 arancia non trattata
- 300 g di taleggio
- ½ bicchiere di latte
- 5-6 foglie di salvia
- 20 g di parmigiano grattugiato
- 2 rametti di timo
- 1 foglia di alloro
- burro q.b.
- sale e pepe q.b.

Procedimento

Lessare le patate, sbucciarle, passarle allo schiacciapatate, trasferirne la polpa in un contenitore capiente e far raffreddare.

Disporre la farina e la fecola a fontana, incorporarvi al centro l'uovo, aggiungere le patate, salare, profumare con pepe e noce moscata, aromatizzare con la scorza grattugiata di ½ arancia lavata e asciugata, e impastare velocemente con le mani (1). Con l'aiuto di un coltello dividere l'impasto in fette di circa 2 cm di spessore, ricavare delle stringhe e confezionare tanti piccoli gnocchi (servendosi, a piacere, di una forchetta o di un'asse rigata). Sistemare su un tagliere abbondantemente infarinato (2).

Scaldare per 1 minuto nel forno a microonde il taleggio sminuzzato con il latte (in alternativa per 10 minuti a bagnomaria) e frullare (3).

Cuocere gli gnocchi in abbondante acqua salata e profumata con una grattugiata di scorza di arancia e l'alloro.

In una padella, scaldare una noce di burro e aggiungere la salvia e il succo di ½ arancia. Scolare gli gnocchi, tuffarli in padella e saltarli per 1 minuto (4). Condire con la salsa al taleggio e il parmigiano, ultimare con foglioline di timo e servire.

1

2

3

4

5

LINGUINE AL PESTO DEI 6 POMODORI

- Ingredienti per 6 persone
- 480 g di linguine
- 100 g di pomodori datterino
- 80 g di pomodori secchi
- 1 cucchiaino di triplo concentrato di pomodoro
- 100 g di pomodorini ciliegino
- 100 g di pomodori camoni sardi
- 100 g di pomodori San Marzano
- 1 cucchiaino di zucchero semolato
- 30 g di olive taggiasche
- 30 g di anacardi
- 20 foglie di basilico
- 20 g di parmigiano grattugiato
- 1 foglia di alloro
- olio extravergine d'oliva q.b.
- sale e pepe bianco q.b.

Procedimento

Lavare i pomodori datterino e metterli in una teglia rivestita con carta da forno. Bucherellarli con uno stecchino e cospargerli con un filo di olio, una spolverata di zucchero e un pizzico di sale. Cuocere in forno preriscaldato a 160 °C per circa 25 minuti.

Ammollare in acqua tiepida i pomodori secchi per circa 15 minuti e scolarli.

Sgocciolare le olive e frullarle insieme agli anacardi, al basilico, al concentrato di pomodoro e a 100 ml di olio. Unire i pomodori secchi, i pomodorini ciliegino, i camoni e i San Marzano e frullare finemente. Aggiungere il parmigiano, regolare di sale e pepe e far riposare in frigorifero per 1 ora.

Lessare la pasta in abbondante acqua salata e profumata con l'alloro. Scolare, conservando una piccola quantità di acqua di cottura, condire con il pesto di pomodori (bagnando se necessario con l'acqua di cottura), e servire guarnendo con i pomodori datterino arrostiti.

LINGUINE CON COSTE E BOTTARGA

Ingredienti per 6 persone

- 480 g di pasta lunga tipo linguine
- 500 g di coste
- bottarga di muggine q.b.
- 1 spicchio di aglio
- 1 mazzetto di prezzemolo
- 1 foglia di alloro
- olio extravergine d'oliva q.b.
- sale q.b.

Il parere di Antonella

Quando non sapete cosa regalare, scegliete qualcosa di qualità da mangiare. Personalmente sono molto felice quando mi regalano la bottarga: con una spolverata anche gli spaghetti più banali diventano raffinati!

Procedimento

Pulire e sminuzzare le coste separando le foglie dalla parte bianca. Lessare le coste bianche in acqua bollente salata con un goccio di olio e dopo 5 minuti aggiungere le foglie. Proseguire la cottura per altri 8 minuti. Scolare le coste con la schiumarola, strizzarle e spadellarle con un filo di olio e l'aglio per qualche minuto.

Lessare le linguine nell'acqua di cottura delle coste, aggiustando di sale e profumando con l'alloro. Scolare la pasta al dente e ultimare la cottura nella padella con le coste per circa 3 minuti. Spegnere il fuoco, togliere l'aglio, cospargere con una generosa grattugiata di bottarga di muggine, ultimare con olio a crudo e prezzemolo tritato, quindi servire.

Trucco: non cuocere la bottarga per non alterarne il caratteristico sapore

MARGHERITE INTEGRALI CON CAPRINO, MENTA E POMODORINI

Ingredienti per 6 persone

- 150 g di farina 00
- 50 g di farina integrale
- 250 g di caprino fresco
- foglie di menta q.b.
- 300 g di pomodorini
- 3 uova
- foglie di salvia q.b.
- 2 foglie di alloro
- olio extravergine d'oliva q.b.
- sale q.b.

Il parere di Antonella

Amo... non amo. Amo... non amo... AMO la semplicità di questo piatto perfetto da preparare con i bambini in casa... una forma di giardinaggio tutta da mangiare!

Procedimento

Frullare qualche foglia di menta con 2 uova e impastare con le due farine fino a ottenere un composto liscio e omogeneo. Coprire e far riposare in frigorifero per almeno 30 minuti.

Stendere la pasta in una sfoglia sottile, ricavare dei rettangoli e spennellarli con l'uovo sbattuto rimasto. Disporre su metà dei rettangoli piccole quantità di caprino lavorato con poco sale a distanze regolari. Sovrapporre la pasta rimasta e premere con le dita per fare aderire bene i due strati. Confezionare le margherite con l'aiuto di un coppapasta ondulato.

Tagliare i pomodorini a metà e riporli in una ciotola. Scaldare ½ bicchiere di olio con qualche foglia di salvia e rosolare leggermente. Versare l'olio aromatico sui pomodorini.

Lessare le margherite ripiene in acqua salata e profumata con l'alloro, scolare e servire accompagnando con l'intingolo di pomodorini.

MEZZE MANICHE ALLE VERDURE AUTUNNALI

Ingredienti per 6 persone

- 450 g di pasta secca tipo mezzemaniche
- 300 g di zucca mantovana
- 150 g di topinambur
- 2 porcini freschi
- 150 g di finferli
- 1 scalogno
- 1 spicchio di aglio
- 80 g di prezzemolo
- 50 g di gherigli di noce
- 3 foglie di alloro
- olio extravergine d'oliva q.b.
- sale e pepe bianco q.b.

Procedimento

Mondare la zucca e tagliarla a dadini. Pelare i topinambur, tagliarli a cubetti e conservarli in acqua fredda.

Tritare lo scalogno e rosolarlo in una padella con 2 cucchiai di olio e 1 foglia di alloro. Aggiungere la zucca e i topinambur e spadellarli per circa 6 minuti. Salare, coprire e cuocere a fiamma moderata per circa 5 minuti.

Nel frattempo, pulire uno dei porcini e tagliarlo a fette. Pulire e sfilacciare i finferli.

In un'altra padella, scaldare un filo di olio con lo spicchio di aglio sbucciato e schiacciato. Eliminare l'aglio e aggiungere i finferli, i porcini e 1 foglia di alloro. Spadellare rapidamente a fiamma vivace, togliere dal fuoco, salare e pepare e spolverare con metà del prezzemolo tritato.

Tagliare a dadini l'altro porcino e riporlo in una ciotola con 5 cucchiai di olio, il rimanente prezzemolo e le noci tritate.

Lessare la pasta in acqua salata e profumata con la foglia di alloro rimasta. Scolare, conservando una piccola quantità di acqua di cottura, e aggiungere alla spadellata di zucca e topinambur. Unire i finferli e i porcini e saltare per qualche minuto (bagnando, se necessario, con l'acqua di cottura).

Servire le mezzemaniche accompagnando con il porcino fresco al prezzemolo e noci.

MINESTRA DI ORZO

Ingredienti per 6 persone

- 400 g di orzo perlato
- 300 g di petto di pollo
- 1,5 l di brodo vegetale
- ½ verza
- 3 carote
- 1 porro
- 120 g di pancetta affumicata affettata
- 1 rametto di rosmarino
- 2 foglie di alloro
- olio extravergine d'oliva q.b.
- sale e pepe q.b.

Procedimento

Tagliare il pollo a bocconcini. Tagliare la verza a julienne, le carote a dadini e il porro a rondelle.

Portare a bollore il brodo e aggiungervi le carote, il porro, la verza a julienne, i bocconcini di pollo, l'orzo e l'alloro. Salare, pepare e cuocere per almeno 30 minuti.

Rosolare la pancetta sminuzzata in poco olio profumato con il rosmarino fino a renderla croccante.

Servire la minestra di orzo accompagnando con la pancetta croccante (dopo aver eliminato il rametto di rosmarino).

MINESTRA DI PALLINE

Ingredienti per 6 persone
- 4 uova
- 200 g di parmigiano grattugiato
- 100 g di pangrattato
- ½ limone non trattato
- latte q.b.
- brodo di carne o vegetale q.b.
- 1 mazzetto di prezzemolo
- sale q.b.

Procedimento

Sbattere le uova, aggiungere il parmigiano, il pangrattato, la scorza e il succo di limone. Salare e amalgamare il tutto fino a ottenere un composto omogeneo, aggiungendo se necessario qualche goccia di latte per ammorbidire.

Confezionare delle palline della grandezza di una nocciola.

Tuffare nel brodo bollente e cuocere per circa 5 minuti.

Spegnere il fuoco, spolverare con il prezzemolo tritato e servire.

MINESTRONE ESTIVO

Ingredienti per 6 persone

- 3 patate
- 4 zucchine
- 5 coste di sedano
- 400 g di erbette
- 300 g di fagiolini
- 5 pomodori San Marzano
- 1 mazzetto di basilico
- 120 g di pinoli
- 1 cucchiaio da tavola di triplo concentrato di pomodoro
- 300 g di ceci sgocciolati (in scatola)
- parmigiano grattugiato q.b.
- 1 mazzetto di finocchietto fresco
- 2 foglie di alloro
- olio extravergine d'oliva q.b.
- sale q.b.

Il parere di Antonella

Non avrei mai pensato che un minestrone potesse diventare gustoso... sbagliavo! Fresco e salutare, servitelo anche con il gran caldo, con la raffinatezza e il tocco di classe dei cubetti di ghiaccio al basilico!

Procedimento

Frullare 20 foglie di basilico con un bicchiere di acqua, disporre in una cubettiera da ghiaccio e congelare.

Lavare le verdure. Sbucciare le patate e ridurle a tocchetti. Tagliare a tocchetti le zucchine e il sedano, quindi sminuzzare le erbette e i fagiolini.

Incidere i pomodori, scottarli in acqua bollente, privarli della pelle, dividerli in quarti, eliminare la parte con i semi e tagliarli a concassé.

In una casseruola, rosolare con un filo di olio i pinoli, l'alloro, metà dei pomodori, il sedano e le patate. Aggiungere 1 l di acqua, il concentrato di pomodoro, i ceci e qualche foglia di basilico. Cuocere per circa 15 minuti, aggiungere le erbette, le zucchine e i fagiolini e proseguire la cottura per altri 25 minuti. Regolare di sale. Spegnere il fuoco, lasciare intiepidire, aggiungere la concassé di pomodori rimasta e, al momento di servire, completare ogni porzione con due cubetti di ghiaccio al basilico, una spolverata di parmigiano e il finocchietto tritato finemente.

MINESTRONE INVERNALE

Ingredienti per 6 persone

- 80 g di fagioli borlotti
- 150 g di zucca
- 1 porro
- 1 carota
- 1 mela
- 1 patata
- 1 pezzo di verza
- ½ cavolo romanesco
- 1 piccolo cespo di coste
- 60 g di pancetta dolce a cubetti
- 2 carciofi
- 200 g di riso originario
- parmigiano grattugiato q.b.
- 2 foglie di alloro
- olio extravergine d'oliva q.b.
- sale e pepe q.b.

Procedimento

Ammollare i fagioli in acqua per circa 12 ore.

Pulire le verdure e tagliare a dadini la zucca, il porro, la carota, la mela e la patata.

Sminuzzare la verza, il cavolo romanesco e le coste separando le foglie dalla parte bianca.

Tagliare a julienne i carciofi.

Rosolare la pancetta con un filo di olio e l'alloro. Aggiungere il porro, la carota e far dorare. Unire 1,5 l di acqua e i fagioli e cuocere per 30 minuti. Unire la verza, il cavolo romanesco, le coste bianche a tocchetti e la zucca, infine la patata e i carciofi, salare e pepare e proseguire la cottura per circa 25 minuti. Per ultimi aggiungere il riso, la mela, le foglie delle coste e, se necessario, dell'altra acqua. Cuocere per altri 20 minuti.

Servire con parmigiano a piacere.

PACCHERI CON CATALOGNA E ZUCCA

Ingredienti per 6 persone
- 480 g di pasta tipo paccheri
- 1 cespo di catalogna
- 400 g di zucca
- 150 g di uva rosata senza semi
- 1 fetta di limone non trattato
- 1 spicchio di aglio
- parmigiano grattugiato q.b.
- 3 foglie di alloro
- olio extravergine d'oliva q.b.
- sale e pepe q.b.

Procedimento

Lavare la catalogna e tagliarla a tocchetti. Pulire la zucca e ridurla a dadini. Dividere gli acini di uva a metà.

Lessare la catalogna con un filo di olio, 1 foglia di alloro e il limone per almeno 10 minuti. Scolare, strizzare e saltare in padella per 4 minuti con un filo di olio e lo spicchio di aglio.

Rosolare la zucca in una padella con un filo di olio e 1 foglia di alloro. Salare, pepare, coprire e cuocere per circa 10 minuti, mescolando di tanto in tanto.

Lessare la pasta in acqua salata e profumata con la foglia di alloro rimasta, scolare, conservando una piccola quantità di acqua di cottura, e unire alla zucca. Saltare per 4 minuti, bagnando, se necessario, con l'acqua di cottura della pasta. Aggiungere la catalogna, l'uva e una generosa spolverata di parmigiano. Mescolare e servire.

PAPPARDELLE CON RAGÙ DI MAIALE AL VINO ROSSO

Ingredienti per 6 persone

- 480 g di pasta tipo pappardelle
- 400 g di coppa di maiale
- 1 bicchiere di vino rosso
- 1 cipolla rossa
- 1 costa di sedano
- 1 carota
- 1 mazzetto di finocchietto fresco
- farina 00 q.b.
- 1 bicchiere di brodo vegetale
- parmigiano grattugiato
- 2 foglie di alloro
- olio extravergine d'oliva q.b.
- sale q.b.

Procedimento

Sgrassare e tagliare a cubetti la coppa di maiale. Tritare la cipolla, il sedano e la carota. Sminuzzare il finocchietto.

Rosolare a fiamma vivace la carne leggermente infarinata con un filo di olio e 1 foglia di alloro. Unire le verdure tritate, sfumare con il vino, quindi aggiungere metà del finocchietto e il brodo. Regolare di sale. Proseguire la cottura a fiamma moderata per circa 30 minuti.

Lessare la pasta in acqua salata e profumata con l'alloro e il finocchietto rimasti. Scolare, unire al sugo di carne e servire con abbondante parmigiano.

Il parere di Antonella

Un piatto che ricorda la Toscana con le pappardelle, il finocchietto e il ragù di carne. Da gustare nelle fredde giornate d'inverno con un rosso corposo... Quello che viene usato nella ricetta lo beviamo "a tutta tavola"!

PASSATA DI PATATE CON CROSTINI DI PANE

Ingredienti per 6 persone

- 600-700 g di patate
- 1 pane (tipo baguette)
- 1 porro
- 1 mazzetto di prezzemolo
- 1 lamella di peperoncino
- maggiorana q.b.
- 300 g di funghi misti
- 1 spicchio di aglio
- 100 g di parmigiano grattugiato
- 2 foglie di alloro
- olio extravergine d'oliva q.b.
- 30 g di burro
- sale e pepe q.b.

Procedimento

Pulire il porro privandolo della radice, delle foglie esterne e della parte verde più dura, lavarlo e tagliarlo a rondelle. Sbucciare le patate, lavarle e ridurle a dadini; lavare il prezzemolo e tritarlo.

In una casseruola con il burro, rosolare il porro e il peperoncino per qualche minuto, mescolando; unire le patate e l'alloro e rosolare brevemente, coprire d'acqua e insaporire con un pizzico di sale e pepe. Portare a bollore e cuocere per circa 30 minuti. Togliere dal fuoco, eliminare l'alloro e passare il composto al passaverdura, riportare sul fuoco, profumare con foglioline di maggiorana.

Nel frattempo, pulire i funghi e trifolarli rapidamente con un filo di olio e lo spicchio di aglio. Spegnere il fuoco, salare e cospargere con il prezzemolo tritato.

Tagliare il pane a fette, condirlo con un filo di olio e dorare in forno caldo per 5 minuti. Distribuire i funghi sui crostini, spolverare con parmigiano e servire come accompagnamento alla passata di patate.

PASSATA DI POMODORI E PEPERONI CON BRUSCHETTA AL BASILICO E MOZZARELLA

Ingredienti per 6 persone

- 60 g di pomodori perini maturi
- 1 peperone rosso
- 6 fette di pane tipo di Altamura
- 12 foglie di basilico
- 200 g di mozzarella di bufala
- 1 patata
- 1 pizzico di zucchero
- 1 foglia di alloro
- olio extravergine d'oliva q.b.
- sale q.b.

Il parere di Antonella

Un piatto rustico ma innovativo, testimonianza della grande capacità di Sergio di scomporre una ricetta tradizionale per crearne una alla sua maniera. Le cose più geniali spesso sono le più semplici!

Procedimento

Lavare i pomodori e il peperone e sminuzzarli. Sbucciare la patata e tagliarla a fette sottili.

Rosolare la patata con un filo di olio e l'alloro. Aggiungere i pomodori e il peperone e 3 foglie di basilico. Coprire con acqua, aggiungere sale e zucchero e cuocere a fiamma vivace per 25 minuti. Eliminare la foglia di alloro, frullare e riportare sul fuoco per qualche minuto.

Nel frattempo, far tostare in forno caldo le fette di pane per pochi minuti, quindi insaporirle strofinandone la superficie con 1 foglia di basilico (1 per bruschetta).

Frullare la mozzarella con un mestolino di passata e le foglie di basilico rimaste, 1 cucchiaio di olio e un pizzico di sale.

Servire la passata con 2 cucchiaiate di salsa alla mozzarella e 1 bruschetta completando con un filo di olio a crudo.

PASTA FREDDA CON SALSA ALLA MENTA

Ingredienti per 6 persone

- 480 g di pasta tipo fusilli
- foglie di menta q.b.
- 3 peperoni rossi
- parmigiano grattugiato q.b.
- 1 lamella di peperoncino
- 1 limone non trattato
- 1 foglia di alloro
- olio extravergine d'oliva q.b.
- sale e pepe q.b.

Procedimento

Massaggiare i peperoni con un filo di olio, disporli in una teglia rivestita con carta da forno e arrostire in forno preriscaldato a 200 °C per 30 minuti. Coprire e lasciare intiepidire, quindi eliminare la pelle e la parte con i semi. Tagliare la polpa a listarelle e condire con un filo di olio e qualche foglia di menta spezzettata.

Frullare 10 foglie di menta con 60 g di parmigiano, 70 ml di olio, il peperoncino, il succo di limone, sale e pepe.

Lessare la pasta in acqua salata e profumata con l'alloro e 5 foglie di menta. Scolare, condire con i peperoni arrostiti e servire accompagnando con gocce di pesto alla menta.

PASTA "6 P"

Ingredienti per 6 persone

- 480 g di pasta tipo pennette
- 6 pomodori a grappolo
- 250 g di piselli freschi o surgelati
- 150 g di pancetta dolce a cubetti
- 80 g di pinoli
- 1 mazzetto di prezzemolo
- 100 g di parmigiano
- 1 foglia di alloro
- olio extravergine d'oliva q.b.
- sale q.b.

Procedimento

Immergere i pomodori interi (dopo averli incisi leggermente) in acqua bollente e scolarli dopo 20 secondi. Spellarli, tagliarli a spicchi, eliminare la parte con i semi e ridurli a cubetti.

Lessare insieme la pasta e i piselli in abbondante acqua salata e profumata con l'alloro.

Rosolare la pancetta in una padella con un filo di olio fino a renderla croccante, quindi unirla ai pomodori.

Riunire i pinoli e la pasta scolata al dente nella padella con il grasso di rosolatura. Spadellare per circa 3 minuti, quindi togliere dal fuoco.

Aggiungere i pomodori e la pancetta e completare con abbondante prezzemolo tritato e scaglie di parmigiano.

Il parere di Antonella

Mettiamo una sera tra amici con cena all'ultimo momento... non la solita minestra, ma con la stessa velocità e nello stesso tempo una fantasiosa pasta che vi farà fare un "figurone"!

PENNE RIGATE AL RAGÙ DI VITELLO, ZAFFERANO E PISELLI

Ingredienti per 6 persone

- 480 g di pasta tipo penne rigate
- 300 g di carne trita di vitello
- 2 bustine di zafferano
- 250 g di piselli freschi o surgelati
- 1 costa di sedano con le foglie
- 3 foglie di alloro
- 6 foglie di salvia
- 4 fili di erba cipollina
- ½ cipolla bionda
- 1 carota
- 50 g di speck affettato
- 1 cucchiaino di farina 00
- ½ l di brodo vegetale
- 150 g di crescenza
- olio extravergine d'oliva q.b.
- sale q.b.

Procedimento

Preparare un mazzetto profumato con le foglie di sedano, 2 foglie di alloro, la salvia e l'erba cipollina.

Tritare il sedano, la cipolla, la carota e lo speck e soffriggere in una padella con un filo di olio. Aggiungere il mazzetto profumato e la carne trita e rosolare per qualche minuto. Cospargere con la farina e proseguire con la rosolatura. Unire il brodo vegetale, 1 bustina di zafferano e un pizzico di sale. Cuocere a fiamma moderata per circa 35 minuti e a metà cottura aggiungere i piselli sgranati.

Nel frattempo, lessare la pasta in acqua salata e profumata con la foglia di alloro rimasta e la seconda bustina di zafferano. Scolare e unire al ragù di vitello e piselli. Spadellare per pochi minuti e ultimare con la crescenza tagliata a cubetti.

PENNETTE CON NOCI, ROBIOLA E INDIVIA

Ingredienti per 6 persone

- 480 g di pasta tipo mezze penne rigate
- 150 g di noci
- 140 g di robiola
- 3 cespi di indivia belga
- 50 g di pane bianco raffermo
- ½ bicchiere di latte
- pecorino fresco q.b.
- 2 foglie di alloro
- burro q.b.
- sale e pepe q.b.

Procedimento

Ammollare il pane nel latte, strizzarlo e frullarlo con le noci, la robiola, sale e pepe.

Lavare e tagliare a tocchetti l'indivia, quindi spadellarla con una noce di burro e 1 foglia di alloro per 6-8 minuti, finché non risulterà morbida e leggermente rosolata.

Lessare la pasta in acqua salata e profumata con la foglia di alloro rimasta. Scolare e versare nella padella con metà indivia e condire con la salsa alla robiola. Spolverare con pecorino grattugiato, completare con l'indivia rimasta e servire.

Il parere di Antonella

Il tocco finale del pecorino regala mordente all'abbinamento robiola e noci di questo piatto dal gusto delicato... si chiama personalità!

PIPE AL SUGO DI VERDURE ESTIVE

Ingredienti per 6 persone

- 450 g di pasta tipo pipe
- 2 melanzane medie nere
- 2 zucchine
- ½ peperone giallo
- ½ peperone rosso
- 200 g di pomodorini datterini
- foglie di basilico q.b.
- 75 g di pinoli
- 80 g di olive taggiasche denocciolate
- 2 foglie di alloro
- olio extravergine d'oliva q.b.
- sale q.b.

Procedimento

Massaggiare le melanzane con un filo di olio (1), cuocerle in forno preriscaldato a 180 °C per almeno 25 minuti, lasciarle raffreddare, quindi recuperarne la polpa.

Tagliare le zucchine e i peperoni a dadini (2). Cuocerli in padella con un filo di olio e 1 foglia di alloro per circa 6 minuti.

Tagliare i pomodorini a metà e riporli in un recipiente con qualche foglia di basilico.

In un padellino, far tostare i pinoli con 3 cucchiai di olio (3), versarli caldi nel recipiente con i pomodorini, unirvi la polpa di melanzana sminuzzata, le zucchine, i peperoni, le olive (4) e lasciare insaporire per almeno 3 ore. Regolare di sale.

Lessare la pasta in acqua salata e profumata con qualche foglia di basilico e l'alloro, scolarla e condirla con il sugo di verdure e pinoli.

1

2

3

4

5

QUADROTTI DI MORTADELLA E PATATE

Ingredienti per 6 persone

~ Per la pasta
- 400 g di farina 00
- 4 uova (più 1 uovo per spennellare)
- 1 mazzetto di prezzemolo
- 2 foglie di alloro (per lessare la pasta)
- sale q.b. (per lessare la pasta)

~ Per il ripieno
- 4 patate medie
- 200 g di mortadella affettata
- 60 g di parmigiano grattugiato

~ Per la salsa
- 80 g di burro
- 60 g di pistacchi
- parmigiano grattugiato q.b.

Trucco: non frullare la polpa di patata lessata! Il rilascio di amido durante il procedimento renderebbe il composto molto colloso

Procedimento

Per la pasta, frullare le uova con 2 cucchiai colmi di prezzemolo tritato. Disporre la farina a fontana e impastare con le uova "verdi". Lavorare fino a ottenere un composto liscio e omogeneo, coprire con la pellicola e riporre in frigorifero per almeno 30 minuti.

Nel frattempo, lessare le patate, sbucciarle e schiacciarle con una forchetta oppure passarle allo schiacciapatate e lasciare raffreddare. Frullare la mortadella e amalgamare con il parmigiano e le patate schiacciate (1).

Stendere la pasta in 2 sfoglie sottili con il mattarello o con la macchina per la pasta (2). Spennellare con poco uovo sbattuto con un goccio di acqua, disporre il ripieno su una delle sfoglie a distanze regolari (3) e coprire sovrapponendovi l'altra (4). Ritagliare in quadrati con una rotella tagliapasta (5) e sigillare con cura i bordi. Lessare i quadrotti in abbondante acqua salata e profumata con l'alloro.

Scaldare il burro in una padella, unire i pistacchi tritati (6) e condire i quadrotti. Spolverare a piacere con parmigiano e servire.

1

2

3

4

5

6

7

RAVIOLI CON PATATE E CARCIOFI AL POMODORO

Ingredienti per 6 persone

~ Per la pasta

- 300 g di farina 00
- 3 uova (più 1 uovo per spennellare)
- sale q.b. (per lessare la pasta)

~ Per il ripieno

- 3 patate di media grandezza
- 3 carciofi
- brodo vegetale q.b.
- 80 g di parmigiano grattugiato
- 1 foglia di alloro
- olio extravergine d'oliva q.b.
- sale q.b.

~ Per la salsa

- 1 confezione di conserva di pomodori pelati a pezzetti (300 g)
- 1 costa di sedano
- 1 carota
- ½ cipolla bionda
- parmigiano grattugiato q.b.
- 1 pizzico di zucchero
- 1 foglia di alloro
- olio extravergine d'oliva q.b.
- sale q.b.

Procedimento

Impastare le uova con la farina fino a ottenere un composto liscio e omogeneo. Coprire e lasciare riposare in frigorifero per almeno 30 minuti.

Nel frattempo, pulire i carciofi, privarli della barba centrale, affettarli finemente e saltarli in padella con un filo di olio e l'alloro.

Aggiungere le patate sbucciate e tagliate a fettine sottili. Salare, coprire con il brodo e proseguire la cottura per circa 30 minuti. Lasciare intiepidire, quindi amalgamare il parmigiano e regolare di sale.

Tritare il sedano, la carota e la cipolla, rosolarli in una padella con un filo di olio e l'alloro. Aggiungere il pomodoro, sale e zucchero. Cuocere a fiamma moderata per circa 15 minuti.

Nel frattempo, stendere la pasta in 2 sfoglie sottili con il mattarello o con la macchina per la pasta. Spennellare con poco uovo sbattuto con un goccio di acqua, disporre il ripieno su una delle sfoglie a distanze regolari e coprire sovrapponendovi l'altra. Ritagliare in quadrati con una rotella tagliapasta e sigillare con cura i bordi.

Lessare i ravioli in abbondante acqua salata, condire con il sugo di pomodoro, spolverare a piacere di parmigiano e servire.

Il parere di Antonella

Altro che ravioli della tradizione... qui si tratta di un matrimonio d'amore tra carciofi e patate conditi con il pomodoro rosso... rosso come il colore del cuore!

REGINELLE CON SUGO AI BROCCOLETTI

Ingredienti per 6 persone

- 480 g di pasta lunga tipo reginelle
- 250 g di broccoletti
- 250 g di broccolo romanesco
- 40 g di uva passa
- ½ cipolla bionda
- 4 filetti di acciuga
- 30 g di pinoli
- 250 g di salsa di pomodoro
- 1 pizzico di zucchero
- parmigiano grattugiato
- 2 foglie di alloro
- olio extravergine d'oliva q.b.
- sale q.b.

Il parere di Antonella

Strizzando l'occhio alla tradizione siciliana, ecco un piatto completo, colorato e dai sapori decisi. Ricetta del Sud creata e rivisitata da un "ragazzo" del profondo Nord!

Procedimento

Ammollare l'uva passa in acqua per almeno 1 ora.

Tritare la cipolla e soffriggerla in padella con un filo di olio, aggiungere i filetti di acciuga, i pinoli, l'uva passa strizzata e 1 foglia di alloro. Rosolare per 2 minuti, quindi aggiungere la salsa di pomodoro, sale e zucchero. Incoperchiare e cuocere a fiamma moderata per circa 12 minuti.

Lessare i broccoletti divisi in cimette e il broccolo romanesco in acqua leggermente salata e profumata con la foglia di alloro rimasta e un filo di olio. Scolare con la schiumarola, unire al sugo e spegnere il fuoco.

Lessare la pasta nell'acqua di cottura dei broccoli, aggiungendo poco sale. Scolare, condire le reginelle con il sugo ai broccoletti, spolverare a piacere con il parmigiano e servire.

RISOTTO AI PISTACCHI CON CACIOCAVALLO RAGUSANO

Ingredienti per 6 persone

~ Per il brodo

- 3 l di acqua
- 2 codini di vitello
- 1 coscia di pollo
- 2 carote
- 2 coste di sedano
- 2 cipolle bionde
- 1 foglia di alloro

~ Per il risotto

- 420 g di riso Carnaroli
- 120 g di pistacchi pelati
- 250 g di caciocavallo ragusano
- 1 cipolla bionda
- ½ bicchiere di marsala
- foglie di menta q.b.
- 2 cucchiai di olio extravergine d'oliva
- sale e pepe grigio q.b.

Il parere di Antonella

Le estati siciliane della Barzetti's family... Come tornare dalle vacanze non solo con le canzoni, il mare, le spiagge ma i sapori dei luoghi amati... e il ricordo sarà con noi per sempre!

Procedimento

Preparare il brodo facendolo cuocere a fiamma molto bassa per almeno 2 ore.

Tritare finemente la cipolla e i pistacchi. In una casseruola con l'olio, la cipolla e i pistacchi, far tostare il riso per almeno 4 minuti, sfumare con il marsala e far evaporare completamente. Coprire con il brodo e portare a cottura, mescolando di tanto in tanto.

Far riposare a fuoco spento per 2 minuti, mantecare con il caciocavallo e regolare di sale e pepe.

Guarnire a piacere con foglie di menta e servire.

RISOTTO ALLA BIRRA E PARMIGIANO

Ingredienti per 6 persone

- 420 g di riso Carnaroli
- 330 ml di birra cruda artigianale (non pastorizzata)
- parmigiano grattugiato q.b.
- 1 scalogno
- brodo vegetale q.b.
- 1 patata
- 2 foglie d'alloro
- burro q.b.
- sale q.b.

Procedimento

In una casseruola, rosolare lo scalogno tritato con una noce di burro e l'alloro, aggiungere il riso e farlo tostare per 3 minuti. Sfumare con metà della birra e far evaporare completamente. Salare, bagnare con il brodo, unire la patata sbucciata e grattugiata grossolanamente. Portare a cottura mescolando e aggiungendo man mano altro brodo e la birra rimasta.

Far riposare a fuoco spento per qualche minuto, mantecare con una noce di burro e abbondante parmigiano e servire all'onda.

RISOTTO ALLA PARMIGIANA DI MELANZANE

Ingredienti per 6 persone

- 480 g di riso Carnaroli
- 2 melanzane nere ovali
- 200 g di pomodorini datterini
- 1 pizzico di zucchero
- 1 scalogno
- 1 bicchiere di vino bianco secco
- 2,5 l di brodo vegetale
- 80 g di parmigiano grattugiato
- 90 g di pesto ligure
- 120 g di mozzarella di bufala
- foglie di basilico q.b.
- 1 foglia di alloro
- olio extravergine d'oliva q.b.
- sale q.b.

Procedimento

Tagliare i pomodorini a metà, disporli in una pirofila, condirli con sale e zucchero e cuocere in forno preriscaldato a 160 °C per circa 35 minuti.

Lavare e asciugare le melanzane, massaggiarle con un filo di olio e cuocerle in forno preriscaldato a 185 °C per 25 minuti, quindi farle raffreddare, sbucciarle, recuperarne la polpa e sminuzzarla.

In una casseruola, rosolare in un filo di olio lo scalogno tritato, aggiungere il riso e farlo tostare per 3 minuti. Sfumare con il vino e far evaporare completamente. Salare, bagnare con il brodo, unire l'alloro e portare a cottura, aggiungendo man mano la polpa di melanzana (conservandone una piccola quantità per guarnire).

Far riposare a fuoco spento per qualche minuto, mantecare con il parmigiano, amalgamare il pesto e regolare di sapidità.

Servire all'onda accompagnando con i pomodorini arrostiti, la mozzarella a dadini, qualche pezzetto di melanzana e foglie di basilico.

RISOTTO ALLE NOCI E GORGONZOLA

Ingredienti per 6 persone

- 480 g di riso Carnaroli
- 30 g di noci
- 150 g di gorgonzola
- 1 cipolla bionda
- 6 foglie di salvia
- 1 bicchiere di vino bianco secco
- brodo vegetale q.b.
- 2 foglie di alloro
- burro q.b.
- sale q.b.

Procedimento

Tritare la cipolla con le noci (1). Soffriggerle con una noce di burro e profumare con l'alloro e la salvia.

Aggiungere il riso e farlo tostare per 3 minuti (2). Sfumare con il vino, far evaporare completamente, bagnare con il brodo e portare a cottura, mescolando di tanto in tanto (3). Regolare di sale.

Far riposare a fuoco spento per 2 minuti, mantecare con il gorgonzola tagliato a pezzi (4) e servire.

1

2

3

4

5

RISOTTO ALLE ZUCCHINE E FIORI DI ZUCCHINA

Ingredienti per 6 persone

- 480 g di riso Carnaroli
- 3 zucchine chiare (romagnole)
- 10-12 fiori di zucchina
- 1 cipolla bionda
- ½ bicchiere di vino bianco secco
- brodo di pollo o vegetale q.b.
- 150 g di taleggio
- 30 g di parmigiano grattugiato
- 1 foglia di alloro
- burro q.b.
- sale q.b.

Procedimento

Lavare e asciugare le zucchine e grattugiarle grossolanamente. Lavare i fiori di zucchina e privarli del calice, quindi sfilacciarli con le dita.

Tagliare la cipolla a brunoise e soffriggerla in poco burro con l'alloro. Aggiungere il riso e farlo tostare per 3 minuti. Sfumare con il vino, far evaporare completamente, bagnare con il brodo, aggiungere le zucchine e salare. Portare a cottura mescolando e aggiungendo man mano altro brodo. Quasi a cottura ultimata unire metà dei fiori di zucchina.

Far riposare a fuoco spento per qualche minuto, mantecare con il taleggio tagliato a pezzetti e il parmigiano, guarnire con i fiori di zucchina rimasti e servire.

RISOTTO AL LIMONE E ROSMARINO

Ingredienti per 6 persone

- 480 g di riso Arborio
- 1 limone non trattato
- 1 rametto di rosmarino
- 1 lemon grass o 1 cipollotto
- timo limonato q.b.
- 1 bicchiere di vino bianco aromatico
- brodo vegetale q.b.
- 1 rizoma di zenzero
- parmigiano grattugiato q.b.
- 3 cucchiai di olio extravergine d'oliva
- sale e pepe q.b.

Procedimento

Tritare finemente il lemon grass, il rosmarino e il timo limonato.

In una casseruola, scaldare l'olio, unire il lemon grass e, a seguire, il riso. Far tostare, sfumare con il vino e far evaporare completamente.

Coprire con il brodo, profumare con una parte del rosmarino, una grattugiata di scorza di limone, regolare di sale e pepe e portare a cottura.

Grattugiare lo zenzero, riporre la polpa in una garza di cotone e recuperarne il liquido di vegetazione.

A fine cottura, unire al riso il succo di zenzero e una spruzzata di succo di limone, regolare di sale e pepe e mantecare con il rosmarino rimasto, il timo limonato e abbondante parmigiano.

Profumare con una grattugiata di scorza di limone e servire all'onda.

RISOTTO DI MONTAGNA (CON MIRTILLI E FORMAGGELLA DI CAPRA)

Ingredienti per 6 persone

- 420 g di riso Carnaroli
- 120 g di mirtilli freschi
- 300 g di formaggella di capra a media stagionatura
- 1 carota
- 2 coste di sedano verde
- 1 cipolla bionda
- 2 cosce di coniglio
- 1 bicchiere di bonarda
- 100 g di speck affettato finemente
- 2 foglie di alloro
- 30 g di burro
- olio extravergine d'oliva q.b.
- sale e pepe grigio q.b.

Procedimento

Pelare la carota e le coste di sedano. In una casseruola con 3 l di acqua unire ½ cipolla, 1 costa di sedano, la carota, le cosce di coniglio e 1 foglia di alloro. Cuocere per almeno 30 minuti, schiumando di tanto in tanto.

In una casseruola, scaldare 2 cucchiai di olio con la foglia di alloro rimasta, unire la rimanente costa di sedano e la cipolla tritate e far imbiondire. Aggiungere il riso, farlo tostare e sfumare con ½ bicchiere di vino, coprire con il brodo di coniglio filtrato, salare e pepare. A metà cottura unire i mirtilli.

Nel frattempo, rosolare lo speck in padella a fiamma vivace con un filo di olio, eliminare il grasso in eccesso e deglassare con il vino rimasto, salare e pepare.

Far riposare a fuoco spento per qualche minuto, mantecare con il burro, il formaggio di capra a pezzetti e regolare di sapidità.

Servire all'onda guarnendo con un cucchiaio di speck croccante e la sua riduzione.

ROSETTE DI CRESPELLA CON CREMA LEGGERA AI CARCIOFI

Ingredienti per 6 persone

~ Per le crêpe (circa 12 di 15 cm di diametro)

- 200 g di farina 00
- 3 uova
- ½ l di latte
- 150 g di speck affettato
- 2 rametti di timo
- 300 g di ricotta vaccina
- 100 g di parmigiano grattugiato
- burro e farina q.b.
- olio extravergine d'oliva q.b.
- sale q.b.

~ Per la crema di latte ai carciofi

- 400 ml di latte
- 30 g di amido di mais
- 2 carciofi
- 2 foglie di alloro
- olio extravergine d'oliva q.b.
- sale q.b.

Procedimento

Per le crêpe, in una ciotola sbattere le uova con una frusta. Sempre mescolando con la frusta, unire poco alla volta la farina setacciata, un pizzico di sale e infine il latte. Lavorare fino a ottenere una pastella liscia e omogenea. Far riposare al fresco per almeno 1 ora.

Scaldare un padellino di ferro (oppure antiaderente), spennellarlo con un filo di olio (oppure con una noce di burro fuso) e versarvi una piccola quantità di pastella. Ruotare rapidamente il padellino affinché la pastella si distribuisca uniformemente sul fondo formando un velo sottile. Cuocere le crêpe da ambo i lati a fiamma moderata, girandole con una spatola. Farle raffreddare adagiandole l'una sopra l'altra su un piatto rovesciato (1).

Tagliare lo speck a listarelle, passarlo in una padella antiaderente per qualche minuto fino a renderlo croccante e profumare con foglioline di timo.

Imburrare e infarinare 12 pirottini. Farcire ciascuna crespella con una generosa spalmata di ricotta, lo speck croccante e una spolverata di parmigiano (2). Ripiegare le crespelle, arrotolarle e disporle nei pirottini (3).

Per la crema di latte, pulire i carciofi e sminuzzarli. Cuocerli in padella con un filo di olio e 1 foglia di alloro. Se necessario, bagnare con un goccio di acqua e proseguire fino a completa cottura.

Portare a bollore il latte salato e profumato con la foglia di alloro rimasta, aggiungere l'amido di mais stemperato in poca acqua fredda o latte e cuocere, mescolando, per circa 1 minuto. Unire i carciofi, frullare il tutto e filtrare con l'aiuto di un colino (4).

Passare in forno caldo le rose di crespella per circa 6 minuti e servire accompagnando con gocce di crema di latte ai carciofi.

Trucco: i carciofi possono essere sostituiti a seconda della stagione con spinaci spadellati, asparagi scottati o foglie di basilico

1

2

3

4

5

ROTOLO DI SEMOLINO AL PROSCIUTTO E FORMAGGIO

Ingredienti per 6 persone

- 150 g di semolino
- 150 g di prosciutto cotto affettato
- 200 g di parmigiano grattugiato
- 200 g di fontina affettata
- 200 g di spinaci
- 600 ml di latte intero
- noce moscata q.b.
- 1 foglia di alloro
- burro q.b.
- olio extravergine d'oliva q.b.
- sale q.b.

Procedimento

Pulire e lessare gli spinaci in poca acqua con un goccio di olio e l'alloro per 3-4 minuti, salare, scolare e strizzare. Spadellare con un filo di olio e tenere da parte.

Portare a bollore il latte con un pizzico di sale e la noce moscata, quindi unire il semolino a pioggia. Cuocere per circa 5 minuti mescolando con un cucchiaio di legno. Togliere dal fuoco e unire il prosciutto cotto frullato e 30 g di burro. Spolverare con metà del parmigiano e lasciare intiepidire (1).

Disporre il composto ancora caldo a rettangolo (spesso circa 1 cm) in una teglia rivestita con carta da forno leggermente unta di olio. Farcire con la fontina e gli spinaci (2). Arrotolare aiutandosi con la carta da forno (3), chiudere a caramella e far raffreddare in frigorifero per circa 30 minuti.

Tagliare a fette, disporle in una teglia leggermente imburrata, spolverare con il parmigiano rimasto (4) e gratinare in forno preriscaldato a 200 °C per circa 8 minuti.

1

2

3

4

5

SEDANINI AL SUGO DI VERDURE INVERNALI

Ingredienti per 6 persone

- 480 g di pasta tipo sedanini
- 200 g di cavolini di Bruxelles
- 2 carote
- 100 g di cavolfiore
- 200 g di puntarelle
- 1 cespo di radicchio tardivo fresco
- 2 coste di sedano
- 6 foglie di sedano
- 3 cucchiai di parmigiano grattugiato
- 2 foglie di alloro
- olio extravergine d'oliva q.b.
- sale q.b.

Procedimento

Pulire i cavolini e tagliarli a julienne. Pelare le carote e tagliarle a listarelle. Pulire il cavolfiore, privarlo della costa centrale e tagliarlo finemente. Mondare le puntarelle e ridurle a listarelle. Tagliare grossolanamente il radicchio. Ripulire il sedano dalla parte filamentosa e tagliarlo a listarelle.

Lavare e asciugare le foglie di sedano e tritarle con il parmigiano.

Lessare la pasta in acqua salata e profumata con 1 foglia di alloro.

Nel frattempo, cuocere in una capiente padella con un filo di olio e la foglia di alloro rimasta il sedano e le carote. Dopo circa 3 minuti aggiungere i cavolini e il cavolfiore, dopo altri 4-5 minuti unire le puntarelle, salare, coprire e proseguire la cottura per 5-6 minuti. Aggiungere quindi il radicchio, la pasta scolata e spadellare per 1 minuto.

Spolverare con il trito di foglie di sedano e parmigiano e servire.

SPAGHETTI DI RISO CON SALMONE, ASPARAGI E PINOLI

Ingredienti per 6 persone

- 450 g di spaghetti di riso
- 450 g di salmone fresco
- 200 g di asparagi freschi
- 80 g di pinoli
- 1 lamella di peperoncino
- 300 g di fave sgranate
- 2 foglie di alloro
- olio extravergine d'oliva q.b.
- sale q.b.

Procedimento

Privare gli asparagi della parte dura, pelarli e tagliarli a losanghe.

Ridurre la polpa di salmone a cubetti e spadellarla rapidamente a fiamma vivace con un filo di olio, 1 foglia di alloro e il peperoncino. Togliere dal fuoco e salare.

Nel frattempo, lessare gli asparagi e gli spaghetti in acqua salata e profumata con la foglia di alloro rimasta.

Far tostare i pinoli in padella con un filo di olio, aggiungere le fave precedentemente sbucciate, e proseguire la cottura per 2-3 minuti.

Scolare gli spaghetti e gli asparagi e trasferirli nella padella con i pinoli e le fave. Far insaporire, aggiungere il salmone, amalgamare e servire.

SPÄTZLE ALLE ERBE CON GUAZZETTO DI VONGOLE

Ingredienti per 6 persone

~ Per gli spätzle

- 200 g di farina 00
- 3 uova
- 4 foglie di sedano verde
- 4 rametti di maggiorana
- 1 rametto di rosmarino
- 10 foglie di basilico
- 3 cucchiai di latte
- 2 foglie di alloro (per lessare gli spätzle)
- olio extravergine d'oliva q.b.
- sale q.b.

~ Per il guazzetto

- 1 kg di vongole veraci medie
- 1 mazzetto di prezzemolo
- 1 lamella di peperoncino
- ½ bicchiere di vino bianco
- 150 g di pomodorini ciliegino
- 1 foglia di alloro
- sale q.b.

Procedimento

Per gli spätzle, in una terrina riunire la farina, le uova, le erbe tritate finemente e il sale. Lavorare energicamente il composto e aggiungere il latte fino a ottenere un composto molto morbido (1).

Nel frattempo, portare a bollore abbondante acqua salata e profumata con l'alloro. Confezionare gli spätzle con l'apposito utensile (2) oppure, in alternativa, utilizzare un cucchiaino. Appena vengono a galla, scolarli con la schiumarola, versarli in acqua fredda e farli raffreddare. Scolarli di nuovo e disporli in una pirofila unta di olio perché non si attacchino.

Per il guazzetto, fare spurgare le vongole in acqua fredda e sale per almeno 3 ore. Risciacquare e porre in una casseruola con alcune foglie di prezzemolo intere, il peperoncino, il vino, l'alloro e un pizzico di sale. Coprire e cuocere fino ad apertura completa delle valve. Spegnere il fuoco, dividere i gusci e conservare solo la metà che contiene il frutto (3). Filtrare il liquido di cottura passandolo attraverso una garza o un tessuto di cotone.

Saltare in padella gli spätzle con il liquido di cottura delle vongole, aggiungere le vongole e i pomodorini crudi tagliati a metà e servire (4).

1

2

3

4

5

STRASCINATI AL POLLO, PANNA E CURRY

Ingredienti per 6 persone

- 480 g di strascinati freschi
- 250 g di petto di pollo
- 125 ml di panna fresca
- 2 cucchiai di curry
- 1 costa di sedano
- 10 foglie di menta
- farina 00 q.b.
- 2 foglie di alloro
- olio extravergine d'oliva q.b.
- sale q.b.

Procedimento

Tagliare il petto di pollo a bocconcini della grandezza di una mandorla (1) e lasciare insaporire con il curry per almeno 30 minuti.

Tagliare il sedano a dadini.

Montare la panna (2) e aggiungervi le foglie di menta spezzettate.

Rosolare il sedano in padella con un filo di olio e 1 foglia di alloro, aggiungere i bocconcini di pollo leggermente infarinati, rosolare, salare e togliere dal fuoco (3).

Lessare gli strascinati in acqua salata e profumata con la foglia di alloro rimasta, scolare e condire con il ragù di pollo, mantecare con la panna montata alla menta (4) e servire.

1

2

3

4

5

TAGLIATELLE GOLOSE AI CARCIOFI

Ingredienti per 6 persone

- 480 g di pasta tipo tagliatelle
- 4 carciofi romaneschi (mammole) con il gambo
- 1 arancia non trattata
- 1 mazzetto di prezzemolo
- 2 cucchiai di parmigiano grattugiato
- 100 g di crescenza
- 1 scalogno
- 2 foglie di alloro
- olio extravergine d'oliva q.b.
- sale q.b.

Il parere di Antonella

"Golose" le tagliatelle di Mister Alloro... Carciofi, arancia, crescenza: la sua bravura nel creare abbinamenti interessanti mi lascia sempre a bocca aperta!

Procedimento

Pulire i carciofi dividendo i calici dai gambi. Eliminare le foglie più dure e le barbe interne. Ripulire i gambi dalla parte esterna più dura. Tagliare a julienne i calici e a tocchetti i gambi.

Riporre ¼ dei carciofi a julienne in una ciotola e condirli con un filo di olio, una spruzzata di succo di arancia e prezzemolo tritato.

Lessare i gambi in acqua bollente profumata con 1 foglia di alloro per 10-12 minuti. Scolarli con la schiumarola e frullarli con il parmigiano e con la crescenza.

Rosolare i restanti carciofi a julienne con un filo di olio, lo scalogno tritato e la foglia di alloro rimasta. Bagnare con il succo di arancia rimanente, incoperchiare e cuocere per circa 10 minuti.

Lessare le tagliatelle nell'acqua di cottura dei gambi di carciofo, aggiungendo il sale, scolarle al dente e spadellarle per qualche minuto con i carciofi, amalgamare la crema di carciofi e formaggio e servire ultimando con i carciofi croccanti al prezzemolo.

TAGLIOLINI AGLIO, OLIO, PEPERONCINO E CAVOLFIORE

Ingredienti per 6 persone

- 480 g di pasta tipo tagliolini
- 1 spicchio di aglio
- 1 peperoncino
- 500 g di cavolfiore
- 1 arancia non trattata
- 1 mazzetto di prezzemolo
- 80 g di parmigiano grattugiato
- 1 foglia di alloro
- olio extravergine d'oliva q.b.
- sale q.b.

Procedimento

Dividere il cavolfiore in cimette e lessarle per circa 10 minuti in acqua profumata con scorze di arancia e l'alloro. Spegnere il fuoco, salare e lasciare intiepidire nell'acqua di cottura.

Tritare il prezzemolo e riporlo in una ciotola con 5 cucchiai di olio e un pezzetto di peperoncino tritato.

Scolare i cavolfiori con la schiumarola e sminuzzarli. Lessare i tagliolini nella stessa acqua di cottura, regolando di sale.

Nel frattempo, scaldare in una padella un filo di olio con l'aglio, quindi togliere l'aglio e aggiungere il rimanente peperoncino tritato. Versare il cavolfiore e spadellare per 2 minuti. Sfumare con il succo di arancia e regolare di sapidità.

Unire i tagliolini lessati e scolati e condire con il parmigiano e l'olio profumato al prezzemolo.

Il parere di Antonella

Classico A.O.P.? Troppo banale per Sergio! Una cimetta di cavolfiore e una sfumata di arancia e il classico si trasforma in creativo!

TAGLIOLINI CON LUGANEGA, FAVE E CASTELMAGNO SU NIDO DI AGRETTI

Ingredienti per 6 persone

~ Per la pasta

- 250 g di farina 00
- 50 g di farina di grano duro
- 3 uova
- 1 rametto di maggiorana
- 1 foglia di alloro (per lessare la pasta)

~ Per la salsa

- 200 g di luganega
- 300 g di fave sgranate
- 180 g di formaggio Castelmagno
- 3 mazzetti di agretti
- 1 scalogno
- ½ bicchiere di vino bianco secco
- ½ limone non trattato
- olio extravergine d'oliva q.b.
- sale e pepe q.b.

Procedimento

Per la pasta, lavorare le farine con le uova e le foglie di maggiorana tritata finemente fino a ottenere un composto omogeneo. Coprire con la pellicola e far riposare in frigorifero per almeno 30 minuti. Stendere l'impasto in una sfoglia sottile e ricavare i tagliolini.

Mondare e lavare gli agretti, lessarli in acqua bollente con un filo di olio per almeno 12 minuti, scolarli e spadellarli con olio e una lamella di scalogno, sfumare con qualche goccia di limone e regolare di sale e pepe.

Tuffare i tagliolini in abbondante acqua bollente salata e profumata con l'alloro.

Per la salsa, scottare le fave per 6 minuti in acqua bollente con un filo di olio, farle raffreddare e sbucciarle. Tritare lo scalogno rimasto, privare della pelle la luganega e, con l'aiuto di un pelapatate, ridurre il Castelmagno in scaglie. Soffriggere in padella lo scalogno tritato con 2 cucchiai di olio, unire le fave, sfumare con il vino e cuocere per almeno 6 minuti. Far evaporare il vino completamente, quindi aggiungere la luganega e un mestolo di acqua di cottura della pasta, sale e pepe q.b.

Scolare i tagliolini al dente, saltare in padella per qualche istante con il sugo di fave, mantecare con le scaglie di Castelmagno e servire su un letto di agretti.

TORTA DI TAGLIATELLE, PROSCIUTTO, PISELLI ED ERBE AROMATICHE

Ingredienti per 8 persone

~ Per la pasta brisée
- 250 g di farina 00
- 125 g di burro
- 1 mazzetto di prezzemolo
- sale q.b.

~ Per le tagliatelle
- 400 g di tagliatelle fresche
- 200 g di prosciutto cotto
- 200 g di piselli freschi
- 2 mazzetti di crescione
- 3 rametti di maggiorana
- ½ l di latte
- 1 cucchiaio di amido di mais
- 200 g di parmigiano grattugiato
- 160 g di caprino fresco
- 2 foglie di alloro
- sale q.b.

Il parere di Antonella

Questa ricetta "a tutto campo" può essere interpretata come un antipasto, un primo o un secondo, un ricco salvacena oppure un gustoso raccogli-avanzi. Preparata come consiglia "Mister Alloro" è un piatto da gourmet!

Procedimento

Per la pasta brisée, lavorare rapidamente il burro con la farina e ammorbidire con 70 ml di acqua gassata precedentemente frullata con prezzemolo e sale. Amalgamare il tutto fino a ottenere un composto liscio e omogeneo. Coprire con la pellicola e far riposare in frigorifero per circa 1 ora.

Lavare il crescione e tagliarlo grossolanamente; tritare la maggiorana.

In una casseruola, portare a bollore il latte insaporito con un pizzico di sale e il trito di maggiorana, addensare con l'amido di mais stemperato in poca acqua fredda e cuocere per circa 2 minuti. Togliere dal fuoco e mantecare con metà parmigiano, il caprino e il crescione.

Lessare i piselli per 3 minuti in acqua salata e profumata con l'alloro. Aggiungere le tagliatelle e proseguire la cottura per circa 2 minuti, scolare e mantecare con ¾ della salsa al crescione.

Stendere la pasta brisée in una sfoglia di circa 4 mm di spessore, foderare uno stampo a cerniera di 25 cm di diametro, bucherellarne il fondo, riempire alternando strati di tagliatelle e fette di prosciutto cotto, ultimare con il prosciutto e completare con la salsa al crescione rimasta, spolverare con il restante parmigiano e cuocere in forno preriscaldato a 200 °C per circa 25 minuti.

Servire la torta calda, tagliata a fette.

TORTELLINI DELLA NONNA VIRGINIA

Ingredienti per 6 persone

~ Per la pasta

- 300 g di farina 00
- 3 uova "pasta gialla"

~ Per il ripieno

- 200 g di petto di pollo
- 300 g di reale di manzo
- 50 g di lonza di maiale
- 30 g di prosciutto crudo
- 100 g di roast-beef cotto
- 30 g di prosciutto cotto
- 30 g di mortadella
- 1 carota
- 1 costa di sedano
- 1 cipolla bionda
- farina 00 q.b.
- 1 rametto di rosmarino
- 1 bicchiere di vino bianco secco
- noce moscata q.b.
- parmigiano grattugiato q.b.
- 2 foglie di alloro
- olio extravergine d'oliva q.b.
- sale e pepe q.b.

Procedimento

Per il ripieno, cuocere per 40 minuti il pollo in abbondante acqua fredda con la carota, il sedano, la cipolla, 1 foglia di alloro e sale. Scolare, filtrare il brodo e tenere da parte.

Infarinare leggermente la carne di manzo e di maiale. Rosolarle in padella con un filo di olio, la foglia di alloro rimasta e metà del prosciutto crudo sminuzzato. Eliminare il grasso in eccesso, aggiungere il rosmarino, sfumare con il vino, salare, pepare e proseguire la cottura per circa 1 ora (in alternativa, dopo aver sfumato con il vino cuocere in forno preriscaldato a 185 °C per 15 minuti). Far raffreddare.

Per la pasta, lavorare le uova con la farina fino a ottenere un composto liscio e omogeneo. Coprire con la pellicola e far riposare in frigorifero per almeno 30 minuti.

Nel frattempo, preparare il ripieno omogeneizzando o passando al tritatutto il roast-beef, il pollo, il reale spolpato e privato dell'eventuale cartilagine, il maiale, il prosciutto crudo rimasto, il prosciutto cotto e la mortadella, una grattugiata di noce moscata e 50 g di parmigiano.

Stendere la pasta in una sfoglia sottile e tagliarla a rettangoli. Disporre il ripieno (della grandezza di una nocciola) a distanze regolari su metà sfoglia. Ricoprire con la pasta e premere con le dita per far aderire perfettamente i due strati tra una nocciola di ripieno e l'altra. Ritagliare con una rotella tagliapasta e confezionare ciascun raviolo arrotolandolo intorno a un dito e unendo le estremità con una leggera pressione.

Cuocere nel brodo bollente salato e servire a piacere con parmigiano a parte.

TROCCOLI ALLA RUCOLA CON GAMBERI E CALAMARI

Ingredienti per 6 persone

- 480 g di pasta tipo troccoli freschi
- 150 g di rucola
- 24 code di gamberoni
- 6 calamari di piccola pezzatura
- 5 pomodori San Marzano
- 50 g di mandorle spellate
- 1 acciuga sott'olio
- 2 foglie di alloro
- olio extravergine d'oliva q.b.
- sale e pepe q.b.

Procedimento

Incidere i pomodori e scottarli in acqua bollente per 20 secondi. Scolarli e spellarli. Eliminare la parte con i semi e tagliare la polpa a listarelle.

Pulire i gamberi, eviscerarli e ridurli a tocchetti. Pulire i calamari e tagliarli a rondelle.

Scottare per 1 minuto la rucola ben lavata nell'acqua dei pomodori. Scolarla e frullarla con 30 ml di olio, insieme alle mandorle e all'acciuga.

Spadellare a fiamma vivace e per non più di 2 minuti i gamberi e i calamari con un filo di olio, sale e pepe e trasferirli nel recipiente con i pomodori.

Lessare la pasta in acqua salata e profumata con l'alloro, scolare e saltare nella padella di rosolatura dei gamberi e calamari, condire con il pesto di rucola e servire accompagnando con il misto di gamberi, calamari e pomodori.

TROFIE AL PESTO DI BASILICO E ZENZERO

Ingredienti per 6 persone

- 480 g di pasta tipo trofie
- 40 foglie di basilico
- 1 radice di zenzero
- 100 g di pinoli
- ½ limone non trattato
- 2 cubetti di ghiaccio
- 1 foglia di alloro
- 70 ml di olio extravergine d'oliva
- sale q.b.

Procedimento

Pelare lo zenzero e grattugiarne la polpa, quindi recuperare il liquido di vegetazione strizzando la fibra riposta in una garza di cotone (1).

Lavare e asciugare il basilico.

Frullare i pinoli con l'olio e poco sale. Aggiungere il succo di zenzero e di limone, i cubetti di ghiaccio e per ultime le foglie di basilico (tenerne qualcuna da parte), poi frullare ancora (2).

Lessare la pasta in abbondante acqua salata e profumata con una grattugiata di scorza di limone, il basilico rimasto e l'alloro.

Condire le trofie con il pesto (3) e servire.

1

2

3

4

ZUPPA DI LENTICCHIE

Ingredienti per 6 persone

- 300 g di lenticchie di Castelluccio
- 1 confezione di castagne precotte (200 g)
- 30 g di triplo concentrato di pomodoro
- 1 rametto di timo
- 10 foglie di basilico
- 1 rametto di alloro
- 70 g di lardo affettato
- olio extravergine d'oliva q.b.
- sale e pepe q.b.
- pane casereccio per accompagnare

Procedimento

Lessare le lenticchie in acqua profumata con 1 foglia di alloro e salare.

Preparare un mazzetto profumato con il timo, il basilico e l'alloro (tenere da parte qualche foglia di basilico e timo).

Soffriggere per 2-3 minuti il lardo tritato, una parte delle castagne sminuzzate e il mazzetto profumato, quindi aggiungere le lenticchie con la loro acqua di cottura. Unire il triplo concentrato di pomodoro, salare, pepare e proseguire la cottura per altri 10 minuti. Ultimare con le castagne rimaste e qualche foglia di basilico e di timo.

Servire con un filo di olio a crudo e, a piacere, con fette di pane casereccio tostato in forno.

Trucco: le castagne precotte si trovano in commercio, ma si possono ottenere anche ammollando per almeno 10 ore 130 g di castagne secche, e lessandole in acqua profumata con 1 foglia di alloro e 1 cucchiaino di sale grosso per almeno 40 minuti

ZUPPA DI ZUCCA CON EMMENTALER

Ingredienti per 6 persone

- 650 g di zucca
- 150 g di emmentaler
- 1 costa di sedano
- 1 cipolla bionda
- 2 carote
- 12 fette di pane casereccio
- 2 foglie di alloro
- olio extravergine d'oliva q.b.
- sale q.b.

Procedimento

Tagliare la polpa di zucca a tocchetti.

Tagliare a tocchetti anche il sedano, la cipolla e le carote, soffriggerli in una casseruola con un filo di olio e far insaporire. Aggiungere la zucca e l'alloro e rosolare per qualche minuto. Bagnare con 1,5 l di acqua, salare e cuocere per circa 40 minuti.

Far tostare il pane condito con un filo di olio in forno preriscaldato a 150 °C per 5 minuti.

Alternare le fette di pane con l'emmentaler grattugiato grossolanamente, coprire con la minestra di zucca e servire.

ZUPPA GRATINATA DI PANE

Ingredienti per 6 persone

- 1 pagnotta di pane di Altamura
- 4 cipolle bionde
- 300 g di spinaci freschi
- 600 g di patate
- 200 g di caciocavallo
- 2 foglie di alloro
- olio extravergine d'oliva q.b.
- sale e pepe q.b.

Procedimento

Lavare e asciugare le cipolle e tagliarle a metà in senso orizzontale. Farle tostare in padella per circa 5 minuti. Trasferirle in una casseruola capiente con abbondante acqua fredda, aggiungere l'alloro, salare, pepare e cuocere per circa 1 ora.

Pulire gli spinaci, sbucciare le patate e tagliarle a cubetti.

Filtrare il brodo di cipolle e riportarlo a bollore, cuocervi le patate per circa 15 minuti, aggiungere gli spinaci e proseguire la cottura per altri 4 minuti circa.

Far tostare il pane con un filo di olio in forno preriscaldato a 150 °C per 5 minuti.

Disporre uno strato di fette di pane in una pirofila, aggiungere la minestra di patate e spinaci e terminare con uno strato di fette di pane. Cospargere con il caciocavallo grattugiato, gratinare in forno a 200 °C per 10 minuti e servire.

i miei secondi...

...profumati e stuzzicanti!

ARISTA DI SUINO TONNATA

Ingredienti per 6 persone

- 1 arista da circa 1 kg
- 200 g di tonno al naturale
- 4 carciofi
- 3 coste di sedano
- 1 carota
- 50 g di cipolla bionda
- 1 mazzetto profumato (rosmarino, prezzemolo e alloro)
- 1 bicchiere di vino bianco secco
- 15 g di capperi dissalati
- 250 g di maionese
- 2 foglie di alloro
- olio extravergine d'oliva q.b.
- sale q.b.

Procedimento

Mondare i carciofi e affettarli grossolanamente. Tagliare a dadini il sedano, la carota e la cipolla (1).

Rosolare l'arista con un filo di olio. Trasferirla in una pirofila con le verdure, il mazzetto profumato, l'alloro e ½ bicchiere di vino (2). Cuocere in forno preriscaldato a 180 °C per circa 35 minuti, quindi unire il vino rimasto, il tonno, i capperi, il sale (3) e infornare nuovamente per circa 15 minuti. Far raffreddare.

Frullare molto finemente il fondo di cottura, amalgamarlo alla maionese (4), regolare di sapidità e servire con l'arista a fette non troppo sottili.

1

2

3

4

5

ARROSTO DI CONIGLIO CON PISELLI SECCHI E PANCETTA

Ingredienti per 6 persone
- 1 coniglio da circa 1,5 kg
- 200 g di piselli secchi
- 200 g di pancetta coppata
- 2 carote medie
- 1 cipolla bianca
- aceto q.b.
- farina 00 q.b.
- 1 mazzetto di salvia
- 1 bicchiere di vino bianco secco
- 1 cucchiaio di triplo concentrato di pomodoro
- ½ l di brodo vegetale
- 2 foglie di alloro
- 2 cucchiai di olio extravergine d'oliva
- sale q.b.

Procedimento

Ammollare i piselli in acqua fredda, sminuzzare la pancetta, pelare le carote e tritarle finemente. Pulire la cipolla e affettarla sottilmente.

Tagliare il coniglio in parti oppure farlo sezionare dal macellaio di fiducia, lavarlo con acqua e aceto e asciugarlo con cura. Infarinare la carne e rosolarla in padella con l'olio e qualche foglia di salvia. Trasferire temporaneamente il coniglio su un piatto, eliminare il grasso in eccesso, unire la pancetta sminuzzata e l'alloro. Rosolare a fiamma moderata per qualche minuto, aggiungere il coniglio e far insaporire. Unire il trito di carota e cipolla, sfumare con il vino, aggiungere i piselli scolati, il triplo concentrato di pomodoro, regolare di sale e bagnare con il brodo. Lasciare parzialmente coperto e proseguire la cottura a fiamma moderata per circa 1 ora.

Servire il coniglio accompagnando con l'intingolo di cottura.

ARROSTO DI LONZA IN CROSTA DI SALE ALL'ARANCIA

Ingredienti per 6 persone

- 1 pezzo di lonza da circa 1 kg
- 1 kg di sale grosso marino
- 400 g di sale fino marino
- 3 arance non trattate
- 3 rametti di rosmarino
- 2 albumi
- 800 g di patate a pasta gialla
- 5 foglie di alloro
- 1 cucchiaio di aceto

Il parere di Antonella

L'arrosto con le patate rappresenta il pranzo classico della domenica. Interessante la cottura in crosta al profumo di arancia che dà un tocco di novità!

Procedimento

Eliminare dalla lonza le eventuali parti di grasso in eccesso e sbucciare le arance con l'aiuto di un pelapatate ad archetto.

In un frullatore, riunire il sale grosso, le scorze di arancia, il rosmarino sfogliato e 3 foglie di alloro. Frullare il tutto fino a ottenere un sale arancione grossolano e tenerne da parte 1 cucchiaio abbondante. Unire gli albumi e il sale fino, ottenendo così una pasta di sale malleabile.

In una pirofila, disporre uno strato di circa 1 cm di sale della grandezza del pezzo di carne, appoggiarvi sopra la lonza e ricoprire di sale in modo regolare. Cuocere in forno preriscaldato a 175 °C per almeno 40 minuti (fino a raggiungere una temperatura al cuore di circa 72 °C).

Nel frattempo, sbucciare e tagliare a spicchi le patate e tuffarle in acqua bollente acidulata con l'aceto. Alla ripresa del bollore scolarle e disporle in una teglia rivestita con carta da forno inumidita con succo di arancia e strizzata, salare con il sale tenuto da parte, le foglie di alloro rimaste e inumidire con il succo di 2 arance. Cuocere in forno preriscaldato a 175 °C per circa 35 minuti.

Quando il sale sarà completamente raffreddato, rompere la crosta, recuperare la lonza e affettarla.

Servire accompagnando con le patate all'arancia.

ARROSTO DI MAGATELLO

Il parere di Antonella

È un arrosto estivo: olive taggiasche, pinoli, basilico, tutto mi riporta ai sapori della mia adorata Liguria!

Ingredienti per 6 persone

- 1 magatello di vitello da almeno 1 kg
- foglie di basilico q.b.
- 1 bicchiere di vino bianco secco
- 3 melanzane
- 50 g di olive taggiasche denocciolate
- 50 g di pinoli
- 80 g di parmigiano
- foglie di alloro q.b.
- olio extravergine d'oliva q.b.
- sale grosso q.b.
- sale e pepe q.b.

Procedimento

Massaggiare il magatello con un trito di foglie di basilico e qualche grano di sale grosso. Rosolare per circa 8 minuti con un filo di olio, girando su tutti i lati.

Trasferire la carne in una pirofila rivestita con carta da forno. Bagnare con il vino, aggiungere foglie di basilico e di alloro a piacere, chiudere a caramella, sigillando le estremità con spago da cucina. Cuocere in forno preriscaldato a 180 °C per circa 40 minuti, quindi far raffreddare.

Nel frattempo, lavare, asciugare e tagliare le melanzane a cubetti. Disporle in una teglia rivestita con carta da forno, condire con un filo di olio, sale, pepe, foglie di alloro e di basilico. Cuocere in forno preriscaldato a 180 °C per 30 minuti, quindi trasferirle in una ciotola.

Scaldare in un padellino 4 cucchiai di olio, aggiungere le olive e i pinoli e quando saranno ben caldi, versare sulle melanzane arrostite.

Affettare il magatello sottilmente e servire accompagnando con qualche cucchiaio di melanzane saporite e parmigiano in scaglie.

ARROSTO DI TACCHINO AL CARTOCCIO CON PATATE ALLA BIRRA

Ingredienti per 6 persone

- 1 coscia con sovraccoscia di tacchino
- 600 g di patate a pasta gialla
- 300 ml di birra chiara
- 200 g di salsiccia fresca tipo luganega (fine e poco aromatizzata)
- 100 g di parmigiano grattugiato
- 2 arance non trattate
- 6 foglie di salvia
- foglie di alloro q.b.
- olio extravergine d'oliva q.b.
- sale e pepe q.b.

Procedimento

Disossare il tacchino e tenerlo da parte (o chiedere al macellaio di fiducia).

Amalgamare la salsiccia privata del budello con il parmigiano, le scorze e il succo di 1 arancia e la salvia sminuzzata.

Farcire la sovraccoscia con il composto ottenuto, fissare con uno stecchino, rosolare per qualche minuto in padella con un filo di olio, quindi trasferire in un cartoccio di carta da forno inumidita con il succo dell'arancia rimasta e strizzata.

Sbucciare le patate e tagliarle a tocchetti. Unirle al cartoccio, salare, pepare, profumare con foglie di alloro a piacere e bagnare con la birra. Chiudere il cartoccio e cuocere in forno preriscaldato a 185 °C per 35-40 minuti.

Prima di servire far riposare per circa 20 minuti.

Il parere di Antonella

L'uso della birra è molto di moda in cucina. Non poteva sfuggire a Sergio, re dell'avanguardia quando si tratta di tendenze creative.

ARROSTO FREDDO CON PEPERONI ARROSTO, FAGIOLINI E TONNO SBRICIOLATO

- Ingredienti per 6 persone
- 1,2 kg di petto di tacchino
- 3 peperoni rossi
- 400 g di fagiolini freschi
- 300 g di tonno all'olio sgocciolato
- 1 mazzetto di basilico
- 1 albume
- 1 limone non trattato
- 30 g di capperi dissalati
- 1 kg di sale grosso
- foglie di alloro q.b.
- olio extravergine d'oliva q.b.
- sale q.b.

Procedimento

Frullare il sale grosso con metà del basilico, unire l'albume e amalgamare fino a ottenere un composto malleabile.

Se necessario, pareggiare il petto di tacchino con l'aiuto di un coltello, massaggiarlo con il succo di limone, disporlo in una teglia rivestita con carta da forno, profumarlo con qualche foglia di alloro e ricoprirlo con il composto a base di sale. Cuocere in forno preriscaldato a 200 °C per circa 30 minuti.

Massaggiare i peperoni con un filo di olio, disporli in una teglia rivestita con carta da forno e cuocere in forno preriscaldato a circa 220 °C per 20 minuti. Sfornare, trasferire in una ciotola e coprire con la pellicola. Una volta raffreddati, privare i peperoni della pelle, ripulire dai semi e tagliare la polpa a striscioline. Condire con olio, sale, foglie di basilico, tonno sbriciolato e capperi.

Pulire i fagiolini e lessarli in acqua bollente per circa 10 minuti con 1 foglia di alloro e un filo di olio. Scolare e ridurre a tocchetti.

Quando il sale sarà completamente raffreddato, rompere la crosta, recuperare l'arrosto di tacchino e affettarlo. Servire su un letto di fagiolini, accompagnando con il contorno di peperoni e tonno.

19¢
FARRO
CONDENSATO
PESO NETTO
ZUPPA
PESO NETTO
PESO NETTO
ZUPPA
PESO NETTO

BACCALÀ IN INTINGOLO AFFUMICATO CON CIPOLLE

Ingredienti per 6 persone

- 1,2 kg di baccalà dissalato
- ½ l di birra affumicata
- 8 cipolle bianche di primavera (di forma schiacciata)
- brodo vegetale q.b.
- farina 00 q.b.
- 1 foglia di alloro
- olio extravergine d'oliva q.b.

~ Per la polenta

- 300 g di farina di mais
- 1 costa di sedano
- 1 carota
- ½ cipolla bionda
- 1,2 l di brodo vegetale
- sale e pepe bianco q.b.

Trucco: in alternativa, si può usare una birra classica o di castagne

Procedimento

Scaloppare il baccalà, asciugarlo e infarinarlo. Rosolarlo in padella con un filo di olio da entrambi i lati. Trasferirlo temporaneamente su un piatto ed eliminare il grasso in eccesso.

Sbucciare le cipolle e tagliarle finemente. Farle appassire a fiamma moderata in una padella con un filo di olio e l'alloro, disporvi al centro le scaloppe di baccalà, bagnare con la birra e con il brodo e cuocere a fiamma bassa e semicoperto per almeno 1 ora.

Nel frattempo, tagliare a cubetti il sedano, la carota e la cipolla, aggiungerli al brodo e portare a bollore. Salare e pepare, quindi versare a pioggia la farina di mais mescolando dapprima con una frusta e poi di tanto in tanto con un cucchiaio di legno. Cuocere per circa 30 minuti.

Servire il baccalà accompagnando con l'intingolo affumicato a base di cipolle e una cucchiaiata di polenta alle verdure.

BIGNOLE AL FORMAGGIO

Ingredienti per 6 persone

- 225 g di farina 00
- 150 g di gruyère
- 750 ml di latte
- 3 tuorli
- pangrattato q.b.
- 1 gambo di sedano fresco
- 4 foglie di alloro
- 90 g di burro
- olio di semi di arachide q.b.
- sale e pepe q.b.

Procedimento

Scaldare il latte con il burro, un pizzico di sale e pepe e l'alloro. Portare a bollore, quindi eliminare l'alloro e versare la farina a pioggia. Cuocere per 4-5 minuti, mescolando con un cucchiaio di legno fino a ottenere un composto sodo e omogeneo. Quando il composto si staccherà dai bordi della casseruola, togliere dal fuoco, aggiungere il gruyère grattugiato, amalgamare e lasciare intiepidire. Unire i tuorli uno alla volta e mescolare fino a rendere il composto omogeneo.

Una volta raffreddato, dividere il composto in palline con l'aiuto di due cucchiai, passarle nel pangrattato e friggerle in abbondante olio fino a doratura.

Scolare e servire accompagnando con il sedano tagliato a bastoncini.

BOCCONCINI DI ANATRA PICCANTI AL COCCO

Ingredienti per 6 persone

- 4 filetti di petto d'anatra con la pelle
- 1 cucchiaio di farina di cocco
- 250 ml di latte di cocco
- 3 scalogni
- 1 lemon grass
- 1 peperoncino fresco
- farina 00 q.b.
- 1 cucchiaio di zucchero di canna
- 1 cucchiaino di spezie tandoori
- 10 foglie di basilico
- 1 lime
- 1 foglia di alloro
- 2 cucchiai di olio di semi di arachide
- sale q.b.

Procedimento

Tagliare il petto d'anatra a pezzetti (1), sbucciare gli scalogni e tagliarli a dadini. Affettare il lemon grass.

Tagliare il peperoncino in due, ripulirlo dai semi e affettarlo.

Scaldare l'olio in una padella, unire i bocconcini d'anatra leggermente infarinati, lo scalogno, lo zucchero, il peperoncino e il lemon grass e rosolare il tutto.

Spolverare con le spezie tandoori, aggiungere l'alloro, bagnare con il latte di cocco (2) e cuocere per circa 10 minuti, infine salare.

Togliere dal fuoco, profumare con le foglie di basilico, una grattugiata di scorza di lime e servire con la farina di cocco tostata per 4 minuti in forno preriscaldato a 160 °C (3).

1

2

3

4

BOCCONCINI DI POLLO ALLO SPECK E YOGURT

Ingredienti per 6 persone

- 700 g di petti di pollo
- 100 g di speck affettato
- 2 vasetti di yogurt greco
- 1 piccolo scalogno
- 1 rametto di rosmarino
- farina 00 q.b.
- 1 mestolo di brodo vegetale
- bacche rosa q.b.
- 2 foglie di alloro
- 1 cucchiaio di olio extravergine d'oliva
- sale q.b.

Procedimento

Tritare finemente lo scalogno e gli aghi di rosmarino.

Tagliare il pollo a bocconcini, riporlo in un contenitore, insaporirlo con il rosmarino e lo speck a striscioline e lasciare che la carne assorba i profumi per almeno 1 ora in un luogo fresco.

In una padella, scaldare l'olio con lo scalogno e l'alloro e trasferirvi il pollo dopo averlo infarinato velocemente.

Quando risulterà ben rosolato, sfumare con il brodo e proseguire la cottura per circa 3 minuti. Spegnere il fuoco, eliminare lo scalogno e l'alloro, e mantecare con lo yogurt greco.

Regolare di sale e servire, guarnendo con le bacche rosa.

BRUSCITTI DI BUSTO GRANDE
(ricetta originale codificata dal Magistero dei Bruscitti)

Ingredienti per 6 persone

- 2 kg di carne di bovino adulto (polpa di reale, tampetto o diaframma, fustello o lombatello, cappello del prete)
- 30 g di lardo o pancetta
- 2 cucchiaini di semi di finocchio selvatico
- 1 spicchio di aglio
- 1 bicchiere di vino rosso (barolo, barbaresco, barbera o gattinara)
- 100 g di burro
- sale e pepe q.b.

~ In aggiunta

- 1 foglia di alloro

Procedimento

Tagliare al coltello la carne, riducendola a pezzetti grandi all'incirca come una mandorla (il termine Bruscitti significa "briciole") (1). In una pentola spessa (di ghisa o di terracotta) aggiungere a freddo il burro, la carne, un battuto di lardo oppure pancetta a pezzetti e i semi di finocchio dentro un sacchetto di garza chiuso a fagottino, lo spicchio di aglio e l'alloro (2). Salare e pepare, incoperchiare e cuocere a fiamma molto bassa per almeno 2 ore (3), mescolando di tanto in tanto con delicatezza per non rompere il sacchetto di garza.

Scoperchiare, strizzare il sacchetto di garza ed eliminarlo. Aggiungere il vino (4) e proseguire la cottura a fiamma vivace per circa 15 minuti, fino a completa evaporazione.

Servire caldi accompagnando a piacere con polenta oppure con pane misto contadino.

1

2

3

4

5

COCKTAIL DI GAMBERETTI SBAGLIATO DI PROPOSITO!

Ingredienti per 6 persone

- 30 code di gambero
- 3 pomodori cuore di bue
- 2 avocado maturi
- ¼ di cocco fresco
- 100 g di yogurt greco
- ½ limone non trattato
- 80 g di maionese
- 80 g di valeriana (songino)
- 2 foglie di alloro
- olio extravergine d'oliva q.b.
- sale q.b.

Procedimento

Tagliare i pomodori e la polpa di avocado a tocchetti. Grattugiare la polpa di cocco.

Preparare una salsa frullando lo yogurt greco con ¼ dell'avocado, ¾ del cocco grattugiato, sale e qualche goccia di limone. Amalgamare con la maionese e tenere da parte.

Ripulire dal guscio ed eviscerare le code di gambero. Spadellare a fiamma vivace per 3 minuti con un filo di olio e l'alloro. Trasferire in una ciotola e aggiungere i pomodori e l'avocado rimasto.

Servire i gamberi con i pomodori e gli avocado su un letto di valeriana e completare con una generosa cucchiaiata di salsa e una spolverata di cocco grattugiato.

Il parere di Antonella

Il cocktail di gamberi è un classico dei classici... Provate a farlo fintamente sbagliato e vedrete che bontà e che presentazione!

COTOLETTE DI PESCE SPADA SERVITE CON SEDANO CROCCANTE AL LIMONE

Ingredienti per 6 presone

- 800 g circa di spada (6 tranci di circa 1 cm di spessore)
- 6 coste di sedano verde freschissime
- 1 limone non trattato
- salsa di soia q.b.
- 1 cucchiaino di senape tradizionale
- 2 uova
- 300 g di pangrattato
- 3 cucchiai di sesamo decorticato
- farina 00 q.b.
- olio extravergine d'oliva q.b.
- sale q.b.

Procedimento

Pareggiare e regolare i tranci di spada, asportando la pelle. Togliere la lisca centrale e da ciascun trancio ricavare 2 filetti.

Pelare il sedano, tagliarlo a listarelle e immergerlo in acqua ghiacciata.

Spremere il limone ed emulsionare il succo con qualche goccia di salsa di soia, la senape e 6 cucchiai di olio.

Sbattere le uova e profumare con una generosa grattugiata di scorza di limone.

Miscelare il pangrattato con i semi di sesamo.

Impanare i filetti di pesce spada, passandoli prima nella farina, poi nell'uovo (dopo averli scrollati per eliminare la farina in eccesso) e infine nel pane al sesamo.

Friggere le cotolette nell'olio, sgocciolare su carta assorbente da cucina, salare e servire accompagnando con il sedano croccante condito con l'emulsione al limone.

FAGOTTINI DI VERZA CON CUORE GOLOSO

Ingredienti per 6 persone

- 1 verza
- 200 g di prosciutto cotto affettato spesso (4 fette)
- 150 g di fontina
- 3 patate
- 80 g di parmigiano grattugiato
- 1 foglia di alloro
- olio extravergine d'oliva q.b.
- sale e pepe q.b.

Procedimento

Sfogliare la verza, tenendo da parte 12 foglie esterne. Tagliare grossolanamente la parte interna della verza e ridurre a cubetti la fontina. Sbucciare e ridurre a cubetti le patate. Tagliare il prosciutto a listarelle.

Scottare per circa 6 minuti le foglie esterne della verza in acqua bollente profumata con l'alloro e un filo di olio. Scolarle e asciugarle.

Rosolare il prosciutto e la verza sminuzzata (la parte interna) con un filo di olio, unire le patate, salare e pepare, incoperchiare e cuocere per almeno 20 minuti. Togliere dal fuoco e aggiungere la fontina e metà del parmigiano. Lasciare intiepidire.

Farcire ciascuna foglia di verza con il composto a base di prosciutto e chiudere a fagottino. Disporre in una teglia rivestita con carta da forno, spolverare con il parmigiano rimasto, inumidire con un mestolo di acqua di cottura delle verze e cuocere in forno preriscaldato a 170 °C per 10 minuti. Servire caldi.

Il parere di Antonella

Ho già l'acquolina in bocca al pensiero di questi fagottini golosi... Quando li tagli, tutto il sapore ti esplode in bocca!

FARAONA ALL'ARANCIA E MARMELLATA

Ingredienti per 6 persone

- 1 faraona da circa 1,5 kg porzionata
- 4 arance non trattate
- 3 cucchiai di marmellata all'arancia
- 2 rametti di rosmarino
- 2 cipolle bianche
- 2 cucchiai di farina 00
- 60 g di pancetta a cubetti
- 1 bicchiere di vino bianco aromatico
- ½ l di brodo vegetale
- 1 cucchiaio di burro chiarificato
- 2 foglie di alloro
- sale q.b.

Trucco: la marinatura della carne può essere effettuata anche il giorno prima, conservando la carne in frigorifero

Procedimento

Far marinare i pezzi di faraona per almeno 1 ora in una pirofila con la scorza grattugiata e il succo di 2 arance e gli aghi di rosmarino tritati.

Sbucciare le cipolle e affettarle finemente.

Recuperare la scorza delle 2 arance rimaste, spremerle e tenere da parte il succo. Tritare finemente le scorze e scottarle in un pentolino con acqua bollente. Scolare e ripetere l'operazione cambiando l'acqua per due volte.

Scolare dalla marinatura e asciugare i pezzi di faraona tamponandoli con carta assorbente da cucina, infarinarli rapidamente e rosolarli in una casseruola con il burro chiarificato. Trasferire temporaneamente la carne ed eliminare il grasso in eccesso. Riportare sul fuoco la casseruola aggiungendo la pancetta a cubetti, i pezzi di faraona, la cipolla affettata e l'alloro. Salare e far appassire per 7-8 minuti.

Sfumare con il vino bianco e il succo di arancia. Incoperchiare e cuocere a fiamma moderata per almeno 40 minuti, aggiungendo di tanto in tanto, se necessario, del brodo.

A cottura ultimata togliere la carne, unire all'intingolo di cottura la marmellata, il brodo e mescolare. Aggiungere la faraona e le scorze di arancia tritate e sbollentate. Coprire e far riposare per 5-6 minuti prima di servire.

Per preparare in casa il burro chiarificato, in un pentolino alto e stretto sciogliere a bagnomaria, senza mescolare, 200 g di burro a tocchetti. A completo scioglimento, togliere con l'aiuto di un mestolino la panna di affioramento e riporre in frigorifero per almeno 2 ore fino a completo rassodamento. Levare dal frigorifero, grattare via eventuale altra panna, praticare un buco con un cucchiaio, estrarre la massa solida, eliminare il liquido residuo (siero del latte), sciacquare sotto acqua tiepida e asciugare bene. Tagliato a tocchetti, lo si può congelare e utilizzare in seguito.

FILETTI DI ORATA IN CAMICIA DI SALMONE

Ingredienti per 4 persone

- 4 filetti di orata da circa 110 g
- 250 g di salmone affettato a carpaccio
- 150 g di spinaci novelli
- 3 rametti di maggiorana
- olio extravergine d'oliva q.b.
- sale e pepe bianco q.b.

~ Per il contorno

- 4 zucchine
- 50 g di pinoli
- olive nere q.b.
- ½ limone non trattato
- 4-5 foglie di menta
- 2 foglie di alloro
- olio extravergine d'oliva q.b.
- sale q.b.

Procedimento

Spellare e spinare i 4 filetti di orata.

Spadellare gli spinaci per 3 minuti in una padella con un filo d'olio, togliere dal fuoco, salare e far raffreddare.

Disporre su ciascun filetto di orata una cucchiaiata di spinaci, avvolgere i filetti con il carpaccio di salmone e disporli in una teglia rivestita con carta da forno bagnata e strizzata, condire con sale, pepe e qualche foglia di maggiorana, e cuocere in forno preriscaldato a 160 °C per 12 minuti.

Nel frattempo, tagliare a listarelle le zucchine. In una padella scaldare l'olio con i pinoli, le olive e l'alloro. Aggiungere le zucchine e spadellarle a fiamma vivace per 5-6 minuti. Spegnere e condire con un pizzico di sale, qualche goccia di succo di limone e le foglie di menta.

Sfornare il pesce e servirlo accompagnando con il contorno di zucchine.

FRITTATA DI MELANZANE CON POLPETTE DI MANZO, POMODORO E BASILICO

Ingredienti per 6 persone

- 7 uova
- 1 melanzana nera ovale media
- 200 g di carne macinata di manzo
- 80 g di pomodorini ciliegino
- 20 foglie di basilico
- 100 g di pane casereccio
- 1 bicchiere di latte fresco intero
- 2 cucchiai di triplo concentrato di pomodoro
- 50 g di parmigiano grattugiato
- 100 g di ricotta vaccina
- 100 g di rucola
- 1 foglia di alloro
- olio extravergine d'oliva
- sale e pepe q.b.

Procedimento

Massaggiare la melanzana con un filo d'olio, posizionarla in una pirofila rivestita con carta da forno e cuocerla in forno preriscaldato a 180 °C per circa 25 minuti. Sfornare, far raffreddare, eliminare la pelle e ridurre la polpa a dadini.

In una ciotola, amalgamare la carne macinata di manzo con il pane precedentemente ammollato con metà del latte, 1 uovo sbattuto, il concentrato di pomodoro, 25 g di parmigiano e qualche foglia di basilico tritata. Salare e pepare e lavorare fino a ottenere un composto omogeneo (1). Formare delle polpette e rosolarle in padella per 5 minuti con 1 cucchiaio di olio e l'alloro (2).

Lavorare la ricotta con il latte rimasto, unire le rimanenti uova, il parmigiano, la polpa di melanzana, qualche foglia di basilico, salare e pepare (3).Versare il composto in uno stampo di cm 24 di diametro, distribuire le polpette e ultimare con i pomodorini (4).Cuocere in forno preriscaldato (con funzione "ventilato") a 160 °C per circa 15 minuti. Sfornare e servire la frittata tiepida su un letto di rucola.

1

2

3

4

5

GALLETTI ARROSTO
CON ZUCCHINE ALLA SCAPECE

Ingredienti per 6 persone

- 3 galletti
- 10 foglie di salvia
- 1 mazzetto di prezzemolo
- 2 rametti di rosmarino
- 1 acciuga sott'olio
- 50 g di pane raffermo
- 1 cucchiaio di parmigiano grattugiato
- 1 bicchiere di vino bianco secco
- 1 limone non trattato
- 3 foglie di alloro
- olio extravergine d'oliva q.b.
- sale q.b.

~ Per le zucchine alla scapece

- 6 zucchine
- farina 00 q.b.
- ½ bicchiere di aceto
- 1 spicchio di aglio
- 15 foglie di menta
- 2 foglie di alloro
- olio di semi di arachide q.b.
- sale q.b.

Procedimento

Tagliare le zucchine a rondelle fini. Salarle, posizionarle in un colino e, sovrapponendovi un peso, lasciare che perdano il liquido di vegetazione per almeno 30 minuti.

Dividere i galletti a metà.

Tritare la salvia con il prezzemolo e gli aghi di rosmarino. Con metà del trito, massaggiare i galletti e frullare l'altra metà con l'acciuga, il pane raffermo, il parmigiano e 3 cucchiai di olio.

Rosolare i galletti in padella con un filo di olio. Eliminare il grasso in eccesso e sfumare con il vino.

Trasferire i galletti in una teglia da forno, salare, cospargere con una spruzzata di succo di limone e aggiungere l'alloro. Cuocere in forno preriscaldato a 180 °C per 35 minuti. Cospargere con il composto di erbe, pane e parmigiano e riportare in forno caldo, ma spento, per circa 15 minuti.

Per le zucchine alla scapece, asciugare le zucchine tamponando con carta assorbente da cucina. Infarinarle rapidamente e friggerle in abbondante olio di semi di arachide.

In un pentolino, far ridurre della metà l'aceto con l'aglio e le foglie di menta e di alloro. Filtrare la riduzione.

Servire i galletti accompagnando con le zucchine fritte irrorate con la riduzione all'aceto.

INSALATA DI GAMBERONI, ANANAS, MELONE, LATTUGA E YOGURT GRECO

Ingredienti per 6 persone

- 24 code di gamberoni
- 1 ananas da circa 1 kg
- 400 g di melone retato
- 100 g di lattuga
- 100 g di yogurt greco
- 1 cetriolo
- olio extravergine d'oliva q.b.
- sale e pepe q.b.

Procedimento

Sbucciare il cetriolo, tagliarlo a metà nel senso della lunghezza, privarlo dei semi e tagliarlo a fiammifero. Sbucciare l'ananas, privarlo della parte centrale e tagliarlo a bastoncini, sbucciare il melone e ridurlo ugualmente a bastoncini. Mondare la lattuga e tagliarla grossolanamente (1).

Pulire i gamberoni e scottarli in una padella antiaderente al massimo 2 minuti per lato (2).

Frullare un po' di melone e amalgamarlo con lo yogurt greco, un cucchiaino di olio, sale e pepe (3).

Riunire in una ciotola lattuga, cetriolo, ananas, melone e gamberoni e condire, mescolando delicatamente, con olio, sale e pepe. Nappare con la salsa a base di yogurt (4).

Completare l'insalata guarnendo a piacere e servire.

1

2

3

4

5

INSALATA IN VERDE COMPAGNIA

Ingredienti per 6 persone

- 4 patate medie
- 200 g di fagiolini freschi
- 200 g di fave fresche
- 2 mazzetti di agretti
- 200 g di piselli freschi
- 100 g di lupini
- 3 uova
- 1 rametto di maggiorana
- 1 limone non trattato
- 2 foglie di alloro
- olio extravergine d'oliva q.b.
- sale e pepe q.b.

Procedimento

Spazzolare e lavare le patate. Lessarle in acqua salata e profumata con 1 foglia di alloro, sbucciarle e tagliarle a fette di circa ½ cm di spessore.

Lessare i fagiolini per circa 10 minuti in acqua bollente profumata con la foglia di alloro rimasta e un filo di olio. Scolarli e nella stessa acqua scottare le fave per 3 minuti, quindi scolarle e sgusciarle. Sempre nella stessa acqua lessare per circa 4 minuti gli agretti mondati e lavati e poi scolarli. Per ultimi cuocere per 6 minuti i piselli e poi farli raffreddare in acqua fredda.

Sbucciare i lupini. Lessare le uova per 8 minuti, scolarle, sgusciarle e tagliarle a spicchi.

Frullare la maggiorana con 6 cucchiai di olio, succo di limone, 2 cubetti di ghiaccio e un pizzico di sale e pepe.

Comporre l'insalata disponendo le patate a raggiera e sovrapponendovi le altre verdure (fagiolini, fave, agretti, piselli e lupini), ultimare con le uova sode.

Condire con l'emulsione alla maggiorana e servire.

INSALATONA DI PIATTONI

Ingredienti per 6 persone

- 600 g di piattoni bianchi
- 100 g di fagiolini freschi
- 150 g di pomodori pizzutelli
- 200 g di zucchine
- foglie di menta q.b.
- 200 g di fagioli rossi in scatola
- 40 g di valeriana (songino)
- 2 foglie di alloro
- olio extravergine d'oliva q.b.
- sale q.b.

Procedimento

Mondare i fagiolini e i piattoni. Portare a bollore abbondante acqua profumata con 1 foglia di alloro, immergervi i piattoni e dopo circa 6 minuti aggiungere i fagiolini. Proseguire la cottura per altri 12 minuti circa, quindi spegnere il fuoco e salare. Lasciare intiepidire.

Lavare e tagliare i pomodori a metà. Con l'aiuto di uno scavino recuperare la parte con i semi, filtrarla con un colino e tenere da parte l'acqua di vegetazione. Tagliare a spicchi la polpa dei pomodori.

Lavare e ridurre le zucchine a tocchetti. Spadellarle per circa 6 minuti con un filo di olio e la foglia di alloro rimasta. Spegnere il fuoco, salare, aggiungere qualche foglia di menta, incoperchiare e far raffreddare.

Sgocciolare i fagioli rossi.

Scolare i fagiolini e i piattoni.

Lavare la valeriana.

Per la salsa, frullare 4 cucchiai di olio con l'acqua di vegetazione ricavata dai pomodori, 2 foglie di menta e sale.

Comporre l'insalatona in una ciotola capiente riunendo valeriana, fagiolini, piattoni, fagioli rossi, zucchine e pomodori a spicchi.

Condire con l'emulsione alla menta e servire.

INVOLTINI DI MANZO AI PROFUMI DEL MEDITERRANEO

Trucco: ottimi accompagnati a un semplice riso in bianco!

Ingredienti per 6 persone

- 12 fettine di fesa di manzo da circa 60 g ciascuna
- 1 melanzana ovale
- 80 g di pinoli
- 30 foglie di basilico
- 30 g di capperi dissalati
- 150 g di parmigiano grattugiato
- farina 00 q.b.
- 800 ml di salsa di pomodoro
- 50 g di olive nere al forno
- 1 pizzico di zucchero
- 2 foglie di alloro
- olio extravergine d'oliva q.b.
- sale e pepe q.b.

Procedimento

Lavare e affettare sottilmente la melanzana e passarla alla griglia cuocendola almeno 4 minuti per lato.

Battere leggermente la carne.

Frullare i pinoli con metà del basilico, metà dei capperi, il parmigiano e un pizzico di pepe.

Distribuire il ripieno sulle fette di carne. Aggiungere una fetta di melanzana, richiudere la carne e avvolgere a involtino, quindi fermare le estremità con degli stecchini.

Infarinare rapidamente e rosolare gli involtini con un filo di olio, i capperi rimasti e l'alloro. Unire la salsa di pomodoro, le olive, il resto delle foglie di basilico sminuzzate, lo zucchero, 3 bicchieri di acqua e il sale. Incoperchiare e cuocere a fiamma bassa per 40 minuti.

Servire gli involtini con il loro intingolo.

LASAGNA DI POLLO, PANE, BASILICO E POMODORINI

Ingredienti per 4 persone

- 480 g di petto di pollo
- 2 veli di pane carasau
- 20 foglie di basilico
- 200 g di pomodorini datterini
- 120 g di speck affettato finemente
- 4 rametti di timo
- 120 g di parmigiano
- olio extravergine d'oliva q.b.
- sale q.b.

Procedimento

Pulire i petti di pollo e trasferirli nel congelatore per circa 1 ora.

Frullare grossolanamente un velo di pane carasau con le foglie di basilico, 2 cucchiai di olio e un pizzico di sale.

Lavare e tagliare a metà i pomodorini.

Affettare finemente il pollo e, se necessario, batterlo con l'aiuto di un batticarne.

Ungere una teglia con l'olio e foderarla con il pane carasau rimasto ammollato per qualche secondo in acqua tiepida. Lasciare sbordare il pane in eccesso e comporre la lasagna disponendo a strati il pollo, i pomodorini, lo speck sfilacciato, qualche fogliolina di timo, il parmigiano in scaglie e il pane frullato fino a esaurire gli ingredienti. Ultimare ripiegando verso l'interno il pane in eccesso, condire con un filo di olio e cuocere in forno preriscaldato a 185 °C per 18-20 minuti.

Far riposare per circa 10 minuti e servire in porzioni, come una lasagna.

LOMBATA AL LATTE E CASTAGNE

Ingredienti per 6 persone

- 1 lombata (lonza) di maiale da circa 1,3 kg
- ½ l di latte
- 250 g di castagne precotte
- 8 foglie di salvia
- 150 g di speck affettato
- 300 g di carote
- ½ bicchiere di marsala secco
- 2 foglie di alloro
- 1 cucchiaio di burro chiarificato
- sale q.b.

Procedimento

Pareggiare la lombata e, se necessario, eliminare il grasso in eccesso.

Guarnire con le foglie di salvia lavate e asciugate e "bardare" la carne con le fette di speck, avvolgendola completamente.

Rosolare con il burro chiarificato in una casseruola che possa andare anche in forno.

Aggiungere le castagne intere e le carote spellate e tagliate a tocchetti. Sfumare con il marsala levando temporaneamente la casseruola dal fuoco. Aggiungere il latte e l'alloro, salare, incoperchiare e cuocere in forno preriscaldato a 170 °C per circa 1 ora.

Trasferire la lombata su un piatto, farla riposare per almeno 5 minuti e affettarla allo spessore desiderato.

Recuperare il fondo di cottura, eliminare le foglie di alloro e passare al passaverdure oppure rapidamente al frullatore. Riportare sul fuoco sino a raggiungere un leggero bollore.

Servire le fette di carne accompagnate con l'intingolo caldo.

MANZO DI "MISTER ALLORO"

Ingredienti per 6 persone
- 1 kg di fesa di spalla
- 200 g di pancetta arrotolata affettata
- 15 foglie di alloro
- 2 scalogni
- 1 bicchiere di marsala
- 2 bacche di ginepro
- 1 bicchiere di brodo di carne
- 1 bicchiere di panna fresca
- 40 g di burro
- sale q.b.

Il parere di Antonella

Come non provare questo meraviglioso arrosto firmato Mr Alloro... un profumo inebriante di spezie che accompagna sottili fette di carne vellutate!

Procedimento

"Bardare" la carne avvolgendola completamente con la pancetta affettata, sovrapporre 5 foglie di alloro e legare con spago da cucina.

Pulire gli scalogni e tagliarli grossolanamente.

Sciogliere il burro in una casseruola, aggiungervi le 10 foglie di alloro rimaste e la carne, rosolandola da tutti i lati. Sfumare con il marsala e unire le bacche di ginepro schiacciate, gli scalogni e un pizzico di sale. Versare il brodo, incoperchiare e cuocere a fiamma moderata per circa 30 minuti.

Aggiungere quindi la panna, coprire e proseguire la cottura per circa 1 ora e 20 minuti.

Togliere lo spago, tagliare la carne a fette e servire con abbondante fondo di cottura (se necessario, fatto ridurre leggermente sul fuoco).

OSSIBUCHI DELLA MAMMA FRANCA

Ingredienti per 6 persone

- 6 ossibuchi di circa 3 cm di spessore ciascuno
- 3 cucchiai di farina 00
- 250 g di trito di sedano, carota e cipolla
- 1 mazzetto profumato (prezzemolo, salvia, timo e alloro)
- 1 bicchiere di vino bianco secco
- 200 g di conserva di pomodori pelati a pezzetti
- 1 bicchiere di brodo vegetale
- prezzemolo tritato q.b.
- 1 arancia non trattata
- 1 limone non trattato
- 2 foglie di alloro
- olio extravergine d'oliva q.b.
- sale e pepe grigio q.b.

Procedimento

Infarinare gli ossibuchi e rosolarli in padella con un filo di olio 4 minuti per lato (1).

Trasferire momentaneamente gli ossibuchi ed eliminare il grasso in eccesso, quindi riportare sul fuoco e aggiungere un filo di olio, il trito di sedano, carota e cipolla, l'alloro e il mazzetto profumato. Sfumare con il vino (2).

Unire la conserva di pomodori, il brodo, sale e pepe (3).

Incoperchiare e cuocere a fiamma bassa per circa 1 ora (dopo aver aggiunto il brodo è possibile avviare eventualmente una cottura in forno a 150 °C per circa 1 ora e 20 minuti).

A cottura ultimata, cospargere gli ossibuchi con una generosa spolverata di prezzemolo, le scorze grattugiate di arancia e limone (4), coprire con carta da forno bagnata e strizzata e far riposare per qualche minuto prima di servire.

1

2

3

4

5

PANINI DI TOMINO FARCITI CON ASPARAGI E PROFUMI DI PRIMAVERA

Ingredienti per 6 persone

- 6 formaggi tomini rotondi
- 18 asparagi verdi
- 250 g di zucchine novelle
- 12 fiori di zucchina
- ½ porro
- misticanza di insalate q.b.
- aceto balsamico q.b.
- 1 foglia di alloro
- olio extravergine d'oliva q.b.
- sale e pepe q.b.

Procedimento

Lavare e spuntare le zucchine, quindi tagliarle a julienne. Mondare e pelare gli asparagi, tagliarli a fettine sottili in senso orizzontale, pulire i fiori di zucchina e sfilacciarli con le dita. Mondare il porro, lavarlo e tagliarlo a rondelle sottili.

Rosolare il porro con un filo di olio e la foglia di alloro per qualche minuto, unire gli asparagi e cuocere a fiamma bassa per circa 6 minuti. Aggiungere le zucchine e proseguire la cottura per altri 5 minuti. Togliere dal fuoco, salare, pepare, unire i fiori di zucchina e far raffreddare dentro un cartoccio di carta da forno bagnata e strizzata.

Tagliare i tomini a metà in senso orizzontale, farcirli con le verdure, ricomporli e passarli in forno preriscaldato a 220 °C per 4 minuti.

Servirli su un letto di misticanza condita con qualche goccia di aceto balsamico.

PANINO "BOCCON D'ORO"

Ingredienti per 6 persone

- 12 bocconcini di grano duro
- 12 fettine di vitello da 30 g ciascuna
- 150 g di zucchine novelle
- 1 mazzetto di fiori di zucchina
- 200 g di pane raffermo
- 1 cucchiaino di curcuma in polvere
- 1 rametto di maggiorana
- 120 g di maionese
- 30 g di pesto alla genovese (1-2 cucchiai)
- 2 uova
- 2 cucchiai di parmigiano grattugiato
- farina 00 q.b.
- misticanza di insalate q.b.
- olio extravergine d'oliva q.b.
- sale q.b.

Trucco: scaldare il pane prima di farcirlo, per un effetto ancora più croccante!

Procedimento

Grattugiare le zucchine. Pulire i fiori di zucchina, asportare la parte del calice e sfilacciarli con le mani. Frullare il pane raffermo con la curcuma e le foglioline di maggiorana. Amalgamare la maionese con il pesto. Lavare la misticanza di insalate.

Sbattere le uova con un goccio di acqua e il parmigiano. Impanare la carne passandola prima nella farina, poi nell'uovo e infine nel pangrattato aromatizzato. Friggere 4 minuti per lato nell'olio caldo, sgocciolare su carta assorbente da cucina e far raffreddare.

Tagliare a metà i panini, spalmarne l'interno con abbondante maionese "verde", farcire con la misticanza di insalate e i fiori di zucchina, aggiungere le cotolette, salare a piacere, proseguire con altra misticanza e fiori e ultimare con le zucchine grattugiate.

Richiudere il panino e servire.

"PARMIGIANA" DI SPADA E ZUCCHINE

Ingredienti per 6 persone

- 500 g di carpaccio di pesce spada
- 4 zucchine
- ½ cipolla bianca
- 300 g di polpa di pomodoro
- foglie di basilico q.b.
- 1 pizzico di zucchero
- 200 g di mozzarella fiordilatte
- 150 g di taralli
- 2 foglie di alloro
- olio extravergine d'oliva q.b.
- sale q.b.

Il parere di Antonella

Dedicata a me che non amo particolarmente il pesce e Sergio lo camuffa con una parmigiana gustosa e originale!

Procedimento

Scaldare un filo di olio e rosolare leggermente la cipolla tritata. Aggiungere la polpa di pomodoro, l'alloro, abbondante basilico, lo zucchero e sale. Cuocere a fiamma moderata per circa 15 minuti.

Affettare le zucchine nel senso della lunghezza, ungerle e passarle in padella. Sminuzzare la mozzarella con le mani. Tritare grossolanamente i taralli.

Ungere una teglia con un filo di olio, spolverare con una parte dei taralli sbriciolati e comporre la "parmigiana" alternando strati di carpaccio di spada, zucchine grigliate, salsa di pomodoro, tocchetti di mozzarella e ultimare con i taralli sbriciolati rimasti.

Cuocere in forno preriscaldato a 170 °C per 35 minuti.

Lasciare intiepidire e servire a fette.

Trucco: è possibile sostituire i taralli sbriciolati con strati di patate tagliate a fette sottili

PETALI DI ALICI FRITTE AL PESTO DI SALVIA

Ingredienti per 4 persone

- 600 g di alici freschissime
- 10 foglie di salvia
- 40 foglie di basilico
- 200 g di pinoli nazionali
- 4 cucchiai di parmigiano grattugiato
- 1 acciuga sott'olio
- 2 uova
- pangrattato q.b.
- 2 cucchiai di sesamo
- ½ limone non trattato
- misticanza di insalate q.b.
- olio extravergine d'oliva q.b.
- olio di semi di arachide q.b.
- sale e pepe q.b.

Procedimento

Pulire le alici ed eliminare la testa e la lisca centrale. Lavarle accuratamente, asciugarle e sistemarle in una teglia aperte a libro.

Frullare la salvia con 30 foglie di basilico, i pinoli, il parmigiano, l'acciuga, sale e pepe fino a ottenere un composto solido e ben amalgamato (pesto). Suddividere il pesto e spalmarlo con un cucchiaino sulle alici. Sovrapporre le alici a due a due "a panino" e far insaporire per 20 minuti circa.

Sbattere le uova con un goccio di acqua, immergervi le alici, farle sgocciolare dall'uovo in eccesso e passarle nel pangrattato mescolato al sesamo.

Frullare 4 cucchiai di olio extravergine d'oliva con 10 foglie di basilico e il succo di limone.

Friggere le alici in abbondante olio di semi di arachide portato a 160 °C di temperatura e sgocciolarle su carta assorbente da cucina.

Servirle su un letto di misticanza, completando con qualche goccia di emulsione al limone.

PIROFILA DI PORRI

Ingredienti per 6 persone

- 8 porri
- 150 g di prosciutto cotto affettato
- parmigiano grattugiato q.b.
- 2 foglie di alloro
- burro q.b.
- sale q.b.

~ Per la besciamella

- 50 g di burro
- 2 cucchiai di farina 00
- 100 ml di latte
- noce moscata q.b.
- 2 cucchiai di parmigiano grattugiato
- sale q.b.

Procedimento

Mondare i porri eliminando la parte verde e sbollentarli interi in acqua salata e profumata con l'alloro per 10-12 minuti. Scolarli e asciugarli.

Per la besciamella, scaldare il burro e la farina e cuocere, mescolando, fino a ottenere un composto omogeneo e cremoso. Lasciare intiepidire, unire il latte precedentemente portato a bollore, profumare con la noce moscata e un pizzico di sale e proseguire la cottura per 10 minuti, sempre mescolando. Mantecare con il parmigiano.

"Bardare" ciascun porro con le fette di prosciutto. Disporre in una teglia, condire con la besciamella, qualche fiocco di burro e una spolverata di parmigiano.

Gratinare in forno preriscaldato a 170 °C per 20 minuti e servire.

POLENTA DEL "CUOCO PASTICCIONE"

Ingredienti per 6 persone

~ Per la polenta

- 200 g di farina di mais bramata
- 30 g di farina di ceci
- 200 g di fagioli borlotti in scatola
- 1 porro
- 1 carota
- 1 costa di sedano
- 1 bicchiere di vino rosso corposo
- 1 foglia di alloro
- 8 g di sale

~ Per il condimento

- 500 g di salsiccia luganega
- 1 scalogno
- ½ bicchiere di vino rosso
- 200 ml di passata di pomodoro
- 1 pizzico di zucchero
- 2 foglie di alloro
- olio extravergine d'oliva q.b.

Procedimento

Tagliare a dadini il porro, la carota e la costa di sedano. Trasferirli in una casseruola con 800 ml di acqua, il vino, l'alloro e il sale. Portare a bollore, quindi versare a pioggia le farine di mais e di ceci miscelate. Mescolare vigorosamente con una frusta per evitare che si formino grumi. Cuocere per 35 minuti, mescolando di tanto in tanto. Aggiungere i fagioli sgocciolati e proseguire la cottura per altri 15 minuti.

Per il condimento, rosolare lo scalogno tritato con un filo di olio e l'alloro, quindi aggiungere la salsiccia privata del budello e sbriciolata. Ultimare la rosolatura e, se necessario, eliminare il grasso in eccesso. Sfumare con il vino e far evaporare completamente. Unire la passata di pomodoro e lo zucchero e cuocere per 15 minuti.

Sformare la polenta su un tagliere di legno e servire accompagnando con il sugo di salsiccia.

POLENTA PASTICCIATA CON COSTE E FORMAGGIO

Ingredienti per 6 persone

~ Per la polenta

- 250 g di farina di mais bramata
- 2 foglie di salvia
- 150 g di parmigiano grattugiato
- burro q.b.
- 8 g di sale

~ Per il condimento

- 2 mazzi di coste
- 400 g di taleggio
- 1 mazzetto di salvia
- 2 foglie di alloro
- 80 g di burro
- sale q.b.

Procedimento

In una casseruola, portare a bollore 1 l di acqua salata e versare a pioggia la farina. Mescolare vigorosamente con una frusta per evitare che si formino grumi. Abbassare la fiamma e aggiungere le foglie di salvia tritate. Cuocere per circa 40 minuti, mescolando spesso. A cottura ultimata mantecare con il parmigiano, versare la polenta in una pirofila leggermente imburrata e far raffreddare.

Per il condimento, pulire le coste, dividere le foglie dalla parte bianca e tagliare il tutto grossolanamente. Scottare le parti bianche per 6 minuti in acqua bollente salata profumata con l'alloro. Aggiungere le foglie e proseguire la cottura per altri 4 minuti. Spegnere il fuoco, far riposare per 3 minuti, profumare con foglie di salvia sminuzzate e scolare.

Sformare la polenta e tagliarla a fette nel senso della lunghezza. Nella stessa pirofila, disporre a strati metà delle coste, le fette di polenta, le coste rimaste e ultimare con il taleggio a cubetti. Completare con fiocchi di burro e cuocere in forno preriscaldato a 190 °C fino a completa gratinatura.

PETTO DI POLLO MARINATO ALLA MENTA CON SALSA ALLO YOGURT

Ingredienti per 6 persone

- 650 g di petto di pollo
- 15-20 foglie di menta
- 120 g di yogurt greco
- 1 limone non trattato
- valeriana (songino) q.b.
- 1 piccolo ananas
- 3 cetrioli
- 2 foglie di alloro
- olio extravergine d'oliva q.b.
- sale e pepe q.b.

Procedimento

Riporre il pollo in una ciotola con abbondanti foglie di menta, il succo di limone e 2 cucchiai di olio. Coprire con pellicola e far marinare in frigorifero per circa 1 ora.

Nel frattempo, lavare la valeriana, mondare e tagliare l'ananas a tocchetti, pelare i cetrioli, affettarli finemente e metterli a bagno in acqua fredda.

Amalgamare lo yogurt con la scorza di limone grattugiata, qualche foglia di menta sminuzzata, sale e pepe.

Scolare il pollo dalla marinatura. Rosolarlo in padella da entrambi i lati con un goccio di olio e l'alloro, incoperchiare e far stufare a fiamma bassa per 10 minuti, girando a metà cottura. Togliere dal fuoco, salare e far riposare coperto.

Scaloppare il pollo e servire tiepido, condito con qualche cucchiaio di salsa allo yogurt greco su un letto di valeriana, ananas, cetrioli e foglie di menta.

POLPETTE DI CONIGLIO TONNATE

Ingredienti per 6 persone

- 400 g di cosce di coniglio
- 200 g di tonno all'olio
- 2 carote
- 1 patata
- 2 foglie di sedano
- 1 mazzetto di prezzemolo
- farina 00 q.b.
- 1 uovo
- pangrattato q.b.
- 15 g di frutti di capperi
- 250 g di maionese
- 2 foglie di alloro
- olio di semi di arachide q.b.
- 1 cucchiaio di sale grosso

Procedimento

Pelare le carote, sbucciare la patata e tagliarle a tocchetti. Trasferire le verdure in una casseruola con acqua fredda. Aggiungere il sedano e l'alloro e portare a bollore. Unire il coniglio e il sale e cuocere per 30 minuti (1). Lasciare intiepidire nella pentola, quindi scolare il coniglio, le patate e le carote.

Spolpare il coniglio (2) e frullare con il tonno sgocciolato e il prezzemolo. Amalgamare le carote e la patata schiacciate con la forchetta (3).

Confezionare delle polpette e farle raffreddare in frigorifero per almeno 1 ora. Passare le polpette nella farina, poi nell'uovo sbattuto con un goccio di acqua e infine nel pangrattato. Friggerle in olio caldo (4).

Servire accompagnando con frutti di capperi e maionese.

1

2

3

4

5

POLPETTE DI TACCHINO CON CUORE AL TALEGGIO

Ingredienti per 6 persone

- 700 g di fesa di tacchino
- 100 g di taleggio
- 1 limone non trattato
- 120 g di broccoli
- 100 g di pane raffermo
- 1 bicchiere di latte
- farina 00 q.b.
- 1 uovo
- pangrattato q.b.
- 3 foglie di alloro
- olio extravergine d'oliva q.b.
- olio di semi di arachide q.b.
- sale e pepe q.b.

Procedimento

Tagliare il taleggio a cubetti.

Sminuzzare la fesa di tacchino e rosolarla a fiamma vivace per 6-8 minuti con un filo di olio extravergine e 2 foglie di alloro. Salare e profumare con abbondante scorza di limone grattugiata.

Scottare i broccoli per 6 minuti in acqua bollente con un filo di olio extravergine e la foglia di alloro rimasta. Scolare e sminuzzare.

Ammollare il pane nel latte.

Frullare il tacchino e amalgamarlo in una ciotola con i broccoli e il pane strizzato. Salare, pepare e confezionare delle polpette. Farcirle con un cubetto di taleggio ciascuna e passarle prima nella farina, poi nell'uovo sbattuto con un goccio di acqua e infine nel pangrattato.

Friggere le polpette in olio di semi di arachide, sgocciolarle su carta assorbente da cucina e servire calde.

POLPETTONE IN CROSTA DI PANE

Ingredienti per 6 persone

- 200 g di carne macinata di maiale
- 200 g di carne macinata di vitello
- 2 uova
- 80 g di ricotta vaccina
- 150 g di parmigiano a cubetti
- 2 zucchine
- 2 foglie di alloro
- olio extravergine d'oliva q.b.
- sale e pepe q.b.

~ Per la pasta brisée

- 200 g di farina 00
- 100 g di burro
- foglie di timo q.b.
- 1 rametto di rosmarino
- 50 ml di acqua gassata
- sale q.b.

Procedimento

Per la pasta brisée, lavorare la farina con il burro leggermente ammorbidito. Aggiungere un trito di timo e rosmarino, il sale disciolto nell'acqua gassata e impastare velocemente (1). Coprire con la pellicola e far riposare in frigorifero per almeno 30 minuti.

Nel frattempo, riunire in una ciotola le carni macinate con le uova, la ricotta, il parmigiano, sale e pepe. Lavare e tagliare a dadini le zucchine e spadellarle a fiamma vivace con un filo di olio e l'alloro per 6 minuti. Togliere dal fuoco, salare e unire le zucchine al composto di carne (2).

Sistemare il composto su un foglio di carta da forno e richiudere a salame, avvolgere quindi in un foglio di carta di alluminio e cuocere in forno preriscaldato a 190 °C per 15-20 minuti (3). Scartare e far raffreddare.

Stendere la pasta brisée in una sfoglia sottile e avvolgere il polpettone (4). Cuocere in forno preriscaldato a 180 °C per altri 30 minuti.

Sfornare e servire a fette, accompagnando a piacere con insalatine fresche.

1

2

3

4

5

POMODORO ALL'OCCHIO DI BUE

Ingredienti per 6 persone

- 12 uova
- 150 g di scamorza fresca
- ½ cipolla bionda
- 600 g di pomodori pelati
- 1 mazzetto profumato (basilico, maggiorana e timo)
- 1 pizzico di zucchero
- foglie di basilico q.b.
- 1 foglia di alloro
- olio extravergine d'oliva q.b.
- sale q.b.

Procedimento

Tagliare a cubetti la scamorza.

Scaldare un filo di olio con la cipolla (intera) e l'alloro. Aggiungere i pelati, il mazzetto profumato, lo zucchero e un pizzico di sale. Cuocere a fiamma moderata per 18-20 minuti.

Eliminare la cipolla, la foglia di alloro e il mazzetto aromatico e distribuire il sugo in 6 pirofile monoporzione. Completare ciascuna cocotte con 2 uova, foglie di basilico spezzettate e cubetti di scamorza.

Cuocere in forno preriscaldato a 150 °C per 8 minuti.

Servire caldo.

RISO PILAF AL TÈ VERDE SERVITO CON VERDURE D'ESTATE

Ingredienti per 6 persone

- 420 g di riso Ribe parboiled
- 1 cucchiaio da tavola di tè verde Matcha in polvere
- 150 g di carote
- 100 g di sedano verde
- 150 g di peperone giallo
- 150 g di peperone rosso
- 150 g di zucchine novelle
- 1 mazzetto di basilico
- 2 foglie di alloro
- olio extravergine d'oliva q.b.
- sale q.b.

Procedimento

Portare a bollore 1 l di acqua profumata con 1 foglia di alloro. Togliere dal fuoco, stemperarvi il tè Matcha e salare.

In una casseruola che possa andare anche in forno, scaldare il riso con un filo di olio, bagnare con il tè, incoperchiare e cuocere in forno preriscaldato a 180 °C per circa 15 minuti.

Nel frattempo, lavare le verdure, mondarle e tagliarle a dadini. In una padella, scaldare 2 cucchiai di olio. Unire le carote, il sedano e la foglia di alloro rimasta e cuocere per circa 3 minuti. Aggiungere i peperoni, cuocere per 4 minuti e infine unire le zucchine. Proseguire la cottura per altri 4 minuti, spegnere il fuoco, salare e profumare con abbondante basilico.

Sfornare il riso e disporlo a strati alternandolo alle verdure.

Servire caldo.

ROLLATA DI SPADA E MERLUZZO

Ingredienti per 6 persone

- 450 g di carpaccio di pesce spada
- 450 g di polpa di merluzzo
- 150 g di spinaci
- 2 carote
- noce moscata q.b.
- 100 ml di panna fresca
- 1 cespo di puntarelle
- 1 acciuga sott'olio
- 1 foglia di alloro
- burro q.b.
- 3 cucchiai di olio extravergine d'oliva
- sale e pepe q.b.

Procedimento

Lessare, strizzare e sminuzzare gli spinaci con un coltello. Rosolarli in padella con una noce di burro insieme alle carote tagliate a julienne e l'alloro. Salare, pepare e profumare con una grattugiata di noce moscata.

Frullare la polpa di merluzzo spinata, insieme alla panna, agli spinaci e alle carote (dopo aver eliminato la foglia di alloro).

Su un foglio di carta da forno realizzare una base rettangolare disponendo le fette di carpaccio di spada ben ravvicinate tra loro. Spalmarvi il composto di merluzzo e con l'aiuto della carta da forno arrotolare delicatamente il composto avvolgendolo completamente con lo spada. Chiudere a caramella e cuocere a vapore oppure in forno preriscaldato a 180 °C per circa 30 minuti.

Nel frattempo, pulire le puntarelle, tagliarle a julienne e immergerle in acqua e ghiaccio per farle arricciare. In un pentolino, scaldare l'olio e aggiungere l'acciuga. Scolare le puntarelle, trasferirle in una ciotola e condirle con l'olio caldo.

Lasciare intiepidire e servire la rollata di pesce a fette, accompagnata con le puntarelle croccanti.

ROLLATA DI TACCHINO AI FUNGHI

Ingredienti per 6 persone

- 650 g di petto di tacchino
- 1 rametto di rosmarino
- 1 rametto di timo
- 6-7 foglie di salvia
- 5-6 foglie di alloro
- 1 costa di sedano
- 1 carota
- 1 cipolla bionda
- 1 bicchiere di brodo di carne
- 500 g di funghi pioppini
- olio extravergine d'oliva q.b.
- sale e pepe q.b.

~ Per la farcitura

- 200 g di petto di pollo
- 20 g di funghi secchi
- 30 g di pane raffermo
- 1 scalogno
- 300 g di funghi finferli
- 4-5 foglie di salvia
- 60 g di patata lessata schiacciata
- 1 foglia di alloro
- olio extravergine d'oliva q.b.
- sale e pepe grigio q.b.

Procedimento

Per la farcitura, passare al tritacarne il petto di pollo, ammollare i funghi secchi in acqua fredda, tagliare a cubetti il pane e tritare lo scalogno. In una padella, scaldare un filo di olio con l'alloro, unire lo scalogno e i finferli sminuzzati e cuocere a fiamma vivace per 6 minuti. Aggiungere il pane e farlo tostare. Salare, pepare e unire la salvia.

Togliere dal fuoco, trasferire in una ciotola, amalgamare con il pollo, la patata e i funghi secchi strizzati e tagliati finemente e regolare di sapidità.

Eliminare dal petto di tacchino l'eventuale grasso. Massaggiare la carne con il rosmarino, il timo, la salvia, 2-3 foglie di alloro tritate e sale. Aprire a libro, riempire con la farcitura e richiudere ad arrosto, legando con spago da cucina. Rosolare in padella con un filo di olio caldo fino a completa doratura.

Nel frattempo, tagliare a dadini il sedano, la carota e la cipolla e disporli in una teglia con un filo di olio e le foglie di alloro rimaste. Sistemare l'arrosto di tacchino sopra il letto di verdure, bagnare con il brodo, salare, pepare, coprire con un foglio di carta da forno e cuocere in forno preriscaldato a 185 °C per almeno 25-30 minuti. Sfornare, unire i pioppini, riportare in forno e proseguire la cottura per altri 10 minuti. Regolare di sale.

Servire caldo accompagnando con i pioppini e il contorno di verdure.

SALMONE AL COCCO

Ingredienti per 6 persone

- 600 g di salmone
- 1 lattina di polpa di cocco da cucina
- 1 lime non trattato
- 2 manghi maturi
- 1 cespo di insalata iceberg
- 2 foglie di alloro
- olio extravergine d'oliva q.b.
- sale q.b.

Procedimento

Spellare e spinare il salmone e tagliarlo a tocchetti. Aromatizzare con la scorza di lime grattugiata e rosolare in una padella antiaderente con un filo di olio per 3-4 minuti.

Aggiungere l'alloro e bagnare con la polpa di cocco. Cuocere per 5 minuti, salare, insaporire con qualche goccia di lime e lasciare intiepidire.

Nel frattempo, tagliare la polpa dei manghi a cubetti. Lavare l'insalata iceberg, tagliarla grossolanamente e condirla con olio.

Servire i bocconcini di salmone al cocco con contorno di insalata e mango.

SCALOPPE DI TROTA AI FIOCCHI DI MAIS

Ingredienti per 6 persone

- 3 trote da circa 500 g ciascuna (o 6 filetti da circa 120 g ciascuno spinati e ripuliti dalla pelle)
- 70 g di fiocchi di mais o cereali
- 500 g di agretti (barba di frate)
- 1 limone non trattato
- 2 uova
- foglie di salvia q.b.
- 2 foglie di alloro
- olio extravergine d'oliva q.b.
- sale e pepe q.b.

Procedimento

Lavare e mondare gli agretti. Lessarli per 5 minuti in acqua bollente profumata con l'alloro e un filo di olio, quindi scolarli.

Frullare 5 cucchiai di olio, il succo di limone, sale e pepe.

Sfilettare e spinare le trote. Ricavare da ciascuna 6 scaloppe.

Sbriciolare grossolanamente i fiocchi di mais. Sbattere le uova con un trito di salvia e qualche goccia di acqua. Impanare le scaloppe passandole prima nel composto di uova, poi nei fiocchi di mais.

Friggere in olio caldo a fiamma moderata per circa 8 minuti, girando le scaloppe a metà cottura. Sgocciolare su carta assorbente da cucina, salare e servire accompagnando con il contorno di agretti conditi con l'emulsione al limone.

SINFONIA DI POLPO CON PESCHE, FINOCCHIO, CEDRO E CETRIOLO

Ingredienti per 6 persone

- 1 polpo da 1,5 kg
- 2 pesche mature
- 1 finocchio
- 1 cedro
- 2 cetrioli
- 200 g di valeriana (songino)
- 4-5 foglie di timo limonato
- 2 foglie di alloro
- 5 cucchiai di olio extravergine d'oliva
- sale e pepe q.b.

Procedimento

Pelare al vivo il cedro.

Lessare il polpo a fiamma bassa per almeno 45 minuti in abbondante acqua con 2 fette di cedro e l'alloro. Far raffreddare, scolare e privare il polpo delle ventose più grosse, quindi tagliarlo finemente.

Pulire le pesche e ridurle a lamelle, tenendone da parte una metà.

Lavare il finocchio e tagliarlo a julienne. Pelare i cetrioli e tagliarli "a tagliatella" con l'aiuto di un pelapatate. Lavare la valeriana.

In una bacinella, riunire il polpo, tutte le verdure, il cedro restante a fette, le pesche e profumare con il timo limonato.

Frullare l'olio, la polpa di pesca rimasta, sale e pepe.

Servire l'insalatona condita con l'emulsione alla pesca.

SOVRACCOSCE ALLA MILANESE

Il parere di Antonella

Solo a Sergio posso concedere la licenza di modificare le "mie milanesi". Il suo tocco "geniale" le rende ancora più buone, il burro chiarificato, più leggere.

Ingredienti per 6 persone

- 12 sovraccosce di pollo
- 3 cucchiai di latte
- 300 g di pane raffermo
- 1 fetta biscottata
- 4 cucchiai di farina 00
- 2 uova
- 1 cucchiaio di parmigiano grattugiato
- 100 g di burro chiarificato
- foglie di alloro q.b.
- sale q.b.

~ Per il contorno

- insalata a piacere
- 1 arancia non trattata
- 5 cucchiai di olio extravergine d'oliva
- sale e pepe q.b.

Procedimento

Asportare la pelle e l'osso centrale dalle sovraccosce. Inumidirle con qualche goccia di latte e batterle con il batticarne.

Grattugiare e setacciare il pane raffermo e la fetta biscottata. Amalgamare le uova con il latte rimasto e il parmigiano.

Impanare le sovraccosce passandole rapidamente prima nella farina, poi nel composto di uova e infine nel pangrattato. Friggere la carne a fiamma moderata nel burro chiarificato (almeno 6 minuti per lato). Sgocciolare su carta assorbente da cucina, trasferire in una pirofila, salare, aggiungere qualche foglia di alloro, coprire e far riposare per alcuni minuti.

Frullare l'olio, il succo di arancia, sale e pepe.

Servire le sovraccosce accompagnando con l'insalata condita con l'emulsione all'arancia.

SPEZZATINO DI AGNELLO PROFUMATO

Ingredienti per 6 persone

- 800 g di polpa di agnello
- 1 cipolla bionda
- 1 piccolo peperoncino fresco
- 1 pezzetto di zenzero fresco
- 1 lemon grass
- 2 semi di cardamomo
- 1 cucchiaio di semi di finocchio
- 1 cucchiaio di curcuma
- 1 cucchiaio di farina di mandorle
- brodo vegetale q.b.
- 1 foglia di alloro
- olio extravergine d'oliva q.b.
- sale q.b.

~ Per il riso pilaf

- 300 g di riso Basmati
- 800 ml di brodo vegetale
- ½ mela gialla
- 2 chiodi di garofano
- 1 foglia di alloro
- olio extravergine d'oliva q.b.
- sale q.b.

Procedimento

Tagliare a bocconcini la carne di agnello.

Frullare la cipolla con il peperoncino e il succo di zenzero (ottenuto grattugiando la radice spellata e strizzandone la polpa attraverso un foglio di carta assorbente da cucina).

In una padella, scaldare un filo di olio, unire il lemon grass tagliato a fettine, i semi di cardamomo e i semi di finocchio. Insaporire con la curcuma, quindi unire la farina di mandorle e la cipolla frullata e aromatizzata. Cuocere per qualche minuto, aggiungere la carne di agnello e rosolare a fiamma vivace per circa 10 minuti.

Coprire con il brodo vegetale, profumare con l'alloro e salare. Proseguire la cottura per altri 40 minuti circa.

In un'altra casseruola, scaldare un filo di olio e aggiungere un pezzo di mela picchettata con l'alloro e i chiodi di garofano. Unire il riso, lasciar profumare per qualche minuto, pareggiare la superficie e coprire con il brodo senza mescolare. Incoperchiare e cuocere in forno preriscaldato a 180 °C per 13 minuti.

Servire lo spezzatino di agnello accompagnando con il riso profumato.

SPIEDINI DI PESCE SPATOLA

Ingredienti per 6 persone
- 900 g circa di pesce spatola
- 600 g di patate
- origano secco q.b.
- ½ limone non trattato
- 24 pomodorini ciliegino
- 1 foglia di alloro
- olio extravergine d'oliva q.b.
- sale q.b.

Procedimento

Sbucciare le patate e tagliarle a fette sottili. Rosolarle in padella con un filo di olio, una spruzzata di succo di limone, una spolverata di origano e l'alloro. Cuocere circa 8 minuti per lato. Spegnere il fuoco, salare e incoperchiare.

Lavare i pomodorini.

Sfilettare il pesce spatola e tagliarlo nel senso della lunghezza in modo da ricavare 24 strisce. Allineare le strisce sul tagliere, salare e profumare con origano. Posizionare un pomodorino all'estremità di una striscia di pesce e avvolgergliela intorno in modo da creare una girella. Fissare con uno stecchino e ripetere l'operazione fino a esaurire pesce e pomodorini.

Ungere le girelle d'olio e passarle in padella, cuocendole 4 minuti per lato.

Servire accompagnando con il contorno di patate.

Il parere di Antonella

Pochi ingredienti che, insieme, creano un piatto economico, facile, in linea con i tempi! Una gustosa alternativa al pesce spada.

STINCO DI VITELLO ARROSTO

Ingredienti per 6 persone

- 1 stinco di vitello
- 2 pezzi di biancostato di vitello
- 1 bicchiere di vino bianco secco
- 3 mestoli di brodo
- 1 costa di sedano
- 3 carote
- 1 cipolla bionda
- 1 cucchiaino di farina 00
- 1 pomodoro
- 1 mazzetto profumato (rosmarino, salvia, timo e alloro)
- olio extravergine d'oliva q.b.
- sale e pepe q.b.

Procedimento

Pulire lo stinco, salarlo e peparlo. Rosolarlo in una teglia da arrosto a fiamma vivace con un filo di olio finché non sarà dorato da tutte le parti. Aggiungere il biancostato di vitello tagliato a piccoli pezzi e rosolarli bene. Unire ½ bicchiere di vino (1), farlo evaporare e bagnare con un mestolo di brodo. Cuocere in forno preriscaldato a 180 °C per circa 1 ora e 15 minuti irrorando ogni tanto con il fondo di cottura. A metà cottura unire il sedano, le carote e la cipolla a tocchetti (2). Scolare lo stinco, avvolgerlo in un foglio di carta di alluminio e far riposare (3).

Riportare la teglia sul fuoco, per fare evaporare completamente i liquidi. Trasferire le verdure e i pezzi di biancostato ed eliminare completamente il grasso. Spolverare con la farina e far tostare. Aggiungere il vino rimasto e far evaporare (4). Coprire con acqua, aggiungere il pomodoro tagliato a pezzetti, il mazzetto profumato, il brodo rimasto e portare a bollore (5). Cuocere a fiamma moderata per almeno 30 minuti, schiumando e sgrassando spesso.

Filtrare il liquido, versarlo in un tegamino e far ridurre ancora un po', sgrassando di nuovo, se necessario (6).

Servire lo stinco caldo a fette accompagnandolo con l'intingolo.

1

2

3

4

5

6

7

STORIONE AL VINO ROSSO

Ingredienti per 6 persone

- 650 g di storione
- 2 bicchieri di vino rosso corposo
- 1 costa di sedano
- 3 carote
- 2 cipolle rosse
- farina 00 q.b.
- 5 patate di media grandezza
- 1 cucchiaino di zucchero di canna
- 1 mestolo di brodo vegetale
- 2 foglie di alloro
- olio extravergine d'oliva q.b.
- sale e pepe q.b.

Procedimento

Tagliare a cubetti il sedano, le carote e le cipolle. In una padella, far imbiondire le verdure con un filo di olio, aggiungere il filetto di storione leggermente infarinato e rosolare da entrambi i lati.

Sbucciare le patate, tagliarle a fette di circa ½ cm di spessore e disporle leggermente sovrapposte in una pirofila. Adagiarvi sopra lo storione con le verdure, quindi unire lo zucchero, il vino, il brodo e l'alloro. Salare, pepare, coprire con un foglio di alluminio e cuocere in forno preriscaldato a 160 °C per almeno 35 minuti.

Far riposare coperto per circa 20 minuti prima di servire.

TACCHINO E GAMBERO AL LIMONE E BASILICO CON MOSAICO DI RISI

Ingredienti per 6 persone

- 600 g di fesa di tacchino
- 24 code di gambero
- 3 limoni non trattati
- 30 foglie di basilico
- 250 g di riso Venere
- 200 g di riso Basmati
- farina 00 q.b.
- 50 g di mandorle a filetti
- 3 foglie di alloro
- olio extravergine d'oliva q.b.
- sale q.b.

Il parere di Antonella

Sapori di terra, sapori di mare, sapori d'Oriente! Un piatto magico, che unisce in maniera sorprendente ingredienti solo in apparenza "distanti": la globalizzazione anche in cucina!

Procedimento

Tagliare la fesa di tacchino a listarelle e lavare i limoni.

Pulire ed eviscerare le code di gambero, tagliarle nel senso della lunghezza e conservarle in frigorifero.

In due casseruole diverse, lessare i risi in abbondante acqua profumata con la scorza di 1 limone, alcune foglie di basilico, l'alloro e il sale (il riso Venere richiederà almeno 35 minuti di cottura, il riso Basmati circa 12). Scolarli, riunirli in una ciotola e condirli con olio, 15 foglie di basilico e qualche goccia di succo di limone.

In una padella, scaldare un filo di olio, e spadellarvi il tacchino precedentemente infarinato fino a completa doratura. Unire i gamberi e le mandorle e cuocere per qualche minuto. Sfumare con il succo dei limoni, salare, profumare con il basilico rimasto e continuare la cottura per altri 4 minuti.

Servire il tacchino e i gamberi accompagnando con il riso.

TARTE TATIN ALLE MELANZANE

Ingredienti per 4-6 persone

- 1 rotolo di pasta sfoglia
- 2 melanzane medio-grandi
- 10 foglie di basilico
- 10 pomodorini ciliegino
- 250 g di mozzarelline
- 2 cucchiai di parmigiano grattugiato
- olio extravergine d'oliva q.b.
- sale q.b.

Procedimento

Sbucciare le melanzane a strisce alterne. Tagliarle a fette di circa 1 cm di spessore, ungerle con un filo di olio e passarle in padella cuocendo 4 minuti per lato.

Ungere di olio una teglia antiaderente di circa 28 cm di diametro. Disporre le fette di melanzana a raggiera fino a coprire completamente la base della teglia. Condire con poco sale e qualche foglia di basilico spezzettata. Rivestire con il disco di pasta sfoglia e cuocere in forno preriscaldato a 200 °C per 12-15 minuti. Sfornare, far riposare per 1 minuto e rovesciare su un piatto da portata. Ultimare con i pomodorini tagliati a metà, i bocconcini di mozzarella e una spolverata di parmigiano. Ripassare in forno a 200 °C per circa 4 minuti.

Servire completando con un filo di olio e foglie fresche di basilico.

TEGLIA DI VERDURE INVERNALI IN GRATIN

Ingredienti per 6 persone

- 1 cavolfiore di media grandezza
- 2 finocchi
- 150 g di cavolini di Bruxelles
- 400 g di zucca mondata
- ½ l di latte
- 100 g di parmigiano grattugiato
- 4 foglie di alloro
- burro q.b.
- sale q.b.

~ Per la besciamella alle uova

- 100 g di burro
- 85 g di farina 00
- 1 l di latte
- noce moscata q.b.
- 6 tuorli
- 80 g di parmigiano grattugiato
- sale q.b.

Procedimento

Mondare e privare delle foglie il cavolfiore; incidere con un taglio a croce la parte dura della costa.

Mondare i finocchi, praticare con la lama del coltello una croce nella costa centrale.

Mondare i cavolini di Bruxelles e inciderne a croce la base.

Tagliare la zucca a cubetti.

Portare a bollore abbondante acqua profumata con 2 foglie di alloro, immergere il cavolfiore, incoperchiare e cuocere per circa 20 minuti, salare e lasciare intiepidire nell'acqua di cottura.

Portare a bollore 2 l di acqua e il latte con le foglie di alloro rimaste, immergervi i finocchi e cuocere per circa 10 minuti. Aggiungere i pezzi di zucca e i cavolini di Bruxelles e proseguire la cottura per altri 15 minuti. Salare e lasciare intiepidire.

Scolare le verdure e tagliare i finocchi a fette di circa 1,5 cm di spessore; dividere il cavolfiore in cimette.

Per la besciamella, scaldare il burro e la farina e cuocere, mescolando, fino a ottenere un composto omogeneo e cremoso. Lasciare intiepidire, unire il latte precedentemente portato a bollore, profumare con la noce moscata e un pizzico di sale e proseguire la cottura per 10 minuti, sempre mescolando. Lasciare intiepidire, quindi aggiungere uno alla volta, mescolando, i tuorli d'uovo e il parmigiano.

Disporre le verdure a strati in una pirofila leggermente imburrata, nappare con la besciamella alle uova e spolverare con il parmigiano. Cuocere in forno preriscaldato a 180 °C per almeno 20 minuti, fino a ottenere una croccante gratinatura, quindi servire.

POMODO
CONDEN ATO
PESO NETTO
ZU

TENERONI DI VITELLO SAPORITI

Il parere di Antonella

Gustose girandole di carne insaporite dalle verdure... Un piatto divertente a portata di bambino!

Ingredienti per 6 persone
- 1 kg circa di pancia di vitella
- 2 rametti di rosmarino
- 3 coste di sedano
- 3 carote
- 1 cipolla bianca
- 6 patate medie
- 4 cucchiai di farina 00
- 2 bicchieri di vino rosso corposo
- 2 mestoli di brodo vegetale
- 2 foglie di alloro
- olio extravergine d'oliva q.b.
- sale q.b.

Procedimento

Incidere la pancia di vitella e ricavare delle strisce di carne lunghe circa 20 cm e larghe circa 5 cm. Cospargere di aghi di rosmarino tritati e tenere da parte.

Tritare sedano, carote e cipolla.

Sbucciare le patate e tagliarle a metà.

Disporre le strisce di carne su un tagliere e avvolgerle su se stesse creando delle "girelle" (teneroni). Fissare con spago da cucina, infarinare e rosolare in padella con un filo di olio.

Trasferire temporaneamente i teneroni su un piatto ed eliminare il grasso in eccesso, quindi riportare la carne sul fuoco aggiungendo il trito di sedano, carote e cipolla. Sfumare con il vino, insaporire e cuocere per circa 20 minuti. Aggiungere il brodo, le patate e l'alloro. Incoperchiare e continuare la cottura per almeno 1 ora e 20 minuti.

Servire i teneroni accompagnando con il contorno di patate.

TERRINA DI VERDURE AL FORNO

Ingredienti per 6 persone

- 600 g di zucca (qualità violina)
- 500 g di topinambur
- 300 g di spinaci o bietoline
- 6 uova
- 250 g di caprino
- 60 g di yogurt intero
- 60 g di parmigiano grattugiato
- 2 cucchiai di semi di zucca decorticati
- 2 foglie di alloro
- burro q.b.
- olio extravergine d'oliva q.b.
- sale e pepe q.b.

Procedimento

Mondare la zucca e tagliarla a fette di circa ½ cm di spessore. Sbucciare i topinambur e tagliarli a rondelle di circa ½ cm di spessore. Lavare gli spinaci.

Spadellare gli spinaci per 3 minuti con una noce di burro e l'alloro. Regolare di sale.

Disporre la zucca e i topinambur in una teglia rivestita con carta da forno, condire con un filo di olio e poco sale. Cuocere in forno preriscaldato a 175 °C per 15 minuti.

Sbattere le uova con il caprino, lo yogurt, il parmigiano, sale e pepe.

Imburrare leggermente una pirofila da forno, disporre le fette di zucca alternandole alle rondelle di topinambur e a ciuffi di spinaci. Ricoprire il tutto con il composto a base di uova e formaggio e cuocere coperto in forno a 175 °C per 25 minuti.

Lasciare intiepidire, spolverare con un battuto di semi di zucca e servire.

TERRINA FREDDA DI CARNI MISTE

Ingredienti per 6 persone

- 400 g di macinato di vitello
- 300 g di petto di pollo a fette
- 2 uova
- noce moscata q.b.
- 200 g di ricotta di pecora
- 80 g di spinaci novelli
- 4 pomodori cuore di bue
- 6 foglie di basilico
- 2 foglie di alloro
- burro q.b.
- olio extravergine d'oliva q.b.
- sale e pepe q.b.

Procedimento

Amalgamare il macinato di vitello con 1 uovo e condire con sale, pepe e noce moscata.

Tagliare il pollo a dadini, amalgamare con la ricotta, l'uovo rimasto, gli spinaci sminuzzati, sale e pepe.

Imburrare uno stampo rettangolare (circa 20 × 8 cm). Disporre le foglie di alloro, uno strato di macinato di vitello, uno di composto di pollo, ricotta e spinaci e ultimare con uno strato di macinato di vitello. Coprire con un foglio di carta da forno (facendolo aderire alla carne) e chiudere con un foglio di alluminio. Cuocere a bagnomaria in forno preriscaldato a 200 °C per circa 30 minuti.

Eliminare l'eventuale acqua di cottura, far raffreddare e sformare la terrina.

Servire tiepido o freddo accompagnando con pomodori a fette conditi con olio, sale e foglie di basilico.

TORTA DI CARCIOFI

Ingredienti per 6 persone

~ Per la pasta frolla salata

- 300 g di farina 00
- 120 g di burro morbido
- 1 rametto di timo fresco
- 3 tuorli
- 5 g di sale

Trucco: in alternativa, è possibile utilizzare pasta brisée confezionata

~ Per la farcitura

- 6 carciofi freschi
- ½ bicchiere di vino bianco secco
- 2 rametti di timo
- 300 g di ricotta di pecora
- 1 limone non trattato
- 60 g di parmigiano grattugiato
- 3 albumi
- 100 g di pancetta di Zibello affettata finemente
- 1 foglia di alloro
- olio extravergine d'oliva q.b.
- sale q.b.

Procedimento

Per la pasta frolla, lavorare la farina con il burro, ottenendo un mucchietto di briciole (1). Disporre a fontana, unire al centro qualche fogliolina di timo tritata, i tuorli e il sale sciolto in 3 cucchiai di acqua tiepida. Impastare velocemente fino a ottenere un composto omogeneo. Coprire e far riposare in frigorifero.

Pulire e mondare i carciofi, dividerli a metà ed eliminare la barba centrale. Rosolarli con un filo di olio e l'alloro, profumare con foglioline di timo e sfumare con il vino (2). Incoperchiare e cuocere a fiamma moderata per circa 8 minuti. Regolare di sale.

Nel frattempo, profumare la ricotta con una grattugiata di scorza di limone, unire il parmigiano, il succo di limone, gli albumi e il sale (3).

Stendere la pasta in due sfoglie sottili e con una foderare una tortiera. Disporre sul fondo la ricotta profumata e, a seguire, i carciofi (dopo aver eliminato la foglia di alloro), ricoprire con la pancetta e chiudere con la sfoglia di pasta rimasta ripiegando i bordi verso l'interno (4). Bucherellare la superficie e cuocere in forno preriscaldato a 175 °C per circa 40 minuti.

Lasciare intiepidire, sformare, tagliare a fette e servire.

1

2

3

4

5

TORTA DI CARCIOFI, RICOTTA E GRISSINI

Ingredienti per 6 persone

- 5 carciofi spinosi
- 350 g di ricotta
- 50 g di grissini all'olio
- 5 patate medie
- prezzemolo q.b.
- 3 uova
- 100 g di pancetta coppata a fette
- 2 foglie di alloro
- burro q.b.
- olio extravergine d'oliva
- sale e pepe bianco q.b.

Trucco: dopo averli incisi, conservare i carciofi in acqua fredda con foglie di prezzemolo

Procedimento

Lessare le patate in abbondante acqua profumata con 1 foglia di alloro. Spegnere il fuoco, salare e far raffreddare. Scolare le patate e tagliarle a fette di circa ½ cm di spessore.

Pulire i carciofi e tagliarli sottilmente. Spadellarli con un filo di olio e la foglia di alloro rimasta per 4-5 minuti. Salare, cospargere con abbondante prezzemolo tritato e lasciare intiepidire.

Amalgamare le uova con la ricotta e un pizzico di sale e pepe, quindi unire i carciofi.

Foderare una tortiera rotonda con carta da forno, imburrare e spolverare con metà dei grissini sbriciolati. Disporre uno strato di pancetta e a seguire le patate a raggiera, il composto di uova e carciofi e ultimare con i grissini rimasti. Cuocere in forno preriscaldato a 180 °C per 25 minuti.

Lasciare intiepidire, sformare, tagliare a fette e servire.

TORTA SALATA CON CAROTE E TALEGGIO

Ingredienti per 8 persone

~ Per la pasta brisée

- 250 g di farina 00
- 125 g di burro morbido
- 60 ml di acqua gassata
- 5 g di sale

~ Per la farcitura

- 3 carote
- 2 porri
- 1 cucchiaino di zucchero
- ½ bicchiere di acqua gassata
- 150 g di taleggio
- 2 foglie di alloro
- 1 cucchiaio di burro
- sale e pepe q.b.

~ Per la salsa royale

- 4 uova
- 1 dl di panna fresca
- 1 bustina di zafferano
- sale q.b.

Procedimento

Per la pasta brisée, lavorare la farina con il sale e il burro, ottenendo un mucchietto di briciole. Disporre a fontana, unire l'acqua gassata e impastare velocemente. Coprire con la pellicola e far riposare in frigorifero per almeno 1 ora.

Per la farcitura, pelare e tagliare le carote a rondelle. In una padella con il burro, fare appassire i porri tagliati a rondelle di circa ½ cm di spessore e l'alloro. Unire le carote, spolverare con lo zucchero, salare, pepare e bagnare con l'acqua gassata. Cuocere a fiamma vivace per circa 10 minuti. Tagliare a cubetti il taleggio.

Per la royale, sbattere le uova con la panna, salare e profumare con lo zafferano.

Stendere la pasta in due sfoglie di circa 2 mm di spessore e con una foderare una tortiera lasciando sbordare la pasta in eccesso. Disporre sul fondo le verdure (dopo aver eliminato le foglie di alloro) e, a seguire, i cubetti di taleggio. Ultimare con la salsa royale e chiudere con la sfoglia di pasta rimasta ripiegando i bordi verso l'interno. Cuocere in forno preriscaldato a 175 °C per 35 minuti.

Lasciare intiepidire, sformare, tagliare a fette e servire.

Il parere di Antonella

Lo sapete, io adoro il taleggio, ma devo ammettere di non averlo mai assaggiato con le carote... Lo proverò con questa torta, che sembra davvero stuzzicante!

TORTINO DI PATATE CON FARCITURA DI ZUCCA, SPINACI E TOMA PIEMONTESE

Ingredienti per 6 persone

- 4 patate gialle di media grandezza
- 1 carota
- noce moscata q.b.
- 20 g di parmigiano grattugiato
- 2 tuorli
- 50 g di grissini
- 1 foglia di alloro
- burro q.b.
- sale q.b.

~ Per la farcitura

- 400 g di zucca mantovana
- 60 g di spinaci novelli
- 250 g di toma piemontese
- 1 foglia di alloro
- burro q.b.
- sale q.b.

Procedimento

Lessare le patate in acqua bollente profumata con l'alloro per circa 45 minuti. Passare grossolanamente le patate al setaccio, salare e amalgamare la carota grattugiata, la noce moscata, il parmigiano e i tuorli.

Per la farcitura, mondare la zucca e tagliarla a tocchetti. Lavare gli spinaci. Cuocere la zucca in padella con una noce di burro e l'alloro per 6 minuti. Salare, incoperchiare e dopo 2 minuti aggiungere gli spinaci. Proseguire la cottura per altri 4 minuti.

Imburrare e impanare 6 pirottini con i grissini sbriciolati, e con l'aiuto di una sacca da pasticcere (o con un cucchiaio) distribuire il composto di patate sul fondo e sui bordi. Farcire con un cubetto di toma e un cucchiaio di zucca e spinaci. Ultimare con il composto di patate.

Cuocere in forno preriscaldato a 175 °C per 18-20 minuti, sformare e servire.

TORTINO DI TAPIOCA, ZUCCA E LATTE

Ingredienti per 6 persone

- 2 radici di tapioca piccole
- 300 g di zucca mantovana
- 200 g di gruyère
- 1 foglia di alloro
- burro q.b.

~ Per la crema di latte al cocco

- ½ l di latte
- noce moscata q.b.
- 3 cucchiai di amido di mais
- 60 g di parmigiano grattugiato
- 150 g di polpa di cocco da cucina (confezionata in lattina)
- sale e pepe q.b.

Procedimento

Sbucciare la tapioca, tagliarla a tocchetti e lessarla in abbondante acqua profumata con l'alloro per circa 12-15 minuti.

Per la crema di latte al cocco, in una casseruola portare a bollore il latte con una spolverata di noce moscata, sale e pepe. Aggiungere l'amido di mais stemperato in poca acqua fredda o latte e cuocere, mescolando, per circa 1 minuto. Togliere dal fuoco, far riposare, quindi mantecare con il parmigiano e la polpa di cocco.

Imburrare una pirofila, disporre la tapioca e la polpa di zucca tagliata a fette di ½ cm di spessore, condire con il gruyère a tocchetti e nappare con la crema di latte. Ultimare con qualche fiocco di burro e cuocere in forno preriscaldato a 175 °C per circa 30 minuti.

Fare gratinare e servire caldo.

TRECCIA DI SALMONE CON TAGLIATELLE DI CAROTE E ZUCCHINE

Ingredienti per 6 persone

- 1 baffa di salmone da circa 1 kg
- 4 rametti di pimpinella o maggiorana fresca
- 5 carote
- 5 zucchine
- 50 g di pinoli nazionali
- foglie di alloro q.b.
- olio extravergine d'oliva q.b.
- sale q.b.

Procedimento

Dividere la baffa di salmone in tranci. Praticare su ciascun trancio due incisioni equidistanti e parallele nel senso della lunghezza, partendo a 1 cm dalla base in modo da ottenere dei tranci uniti, ma formati da tre lembi lunghi che possano essere intrecciati e poi fissati all'estremità inferiore con uno stecchino (1).

Trasferire in una teglia rivestita con carta da forno. Condire con poco sale, un filo di olio e qualche foglia di alloro e di pimpinella (2). Cuocere in forno preriscaldato a 190 °C per circa 25 minuti.

Nel frattempo, pelare le carote e con l'aiuto di un pelapatate tagliarle "a tagliatella". Lavare le zucchine e ripetere la stessa operazione (3).

Scottare le carote in acqua bollente salata e profumata con 1 foglia di alloro. Cuocere per 1 minuto, aggiungere le zucchine e proseguire la cottura per altri 2 minuti. Scolare le verdure e spadellarle per 2 minuti con un filo di olio, i pinoli e qualche foglia di pimpinella (4).

Eliminare gli stecchini e servire le trecce di salmone accompagnando con il contorno colorato di verdure.

1

2

3

4

5

Ambra: un nome, un programma!

L'esatto opposto di Sergio, mi piaceva l'idea di mettere a confronto ed esaltare due anime diverse.

Ambra è una donna black, una donna della nuova generazione.

È nata a Milano, dove vive con il marito e la figlia Gloria, ma le sue origini sono per metà marchigiane (da parte di mamma) e per metà africane (da parte di papà).

Il suo DNA racchiude la passione per i sapori autentici, ereditati dalla mamma marchigiana, e l'originalità, con un pizzico di esotismo, dovuti alle origini paterne africane. Un mix esplosivo che fa di Ambra una cuoca DOC e una pasticcera sublime.

Quello che più mi piace di lei è il suo modo giovane e innovativo di pensare alla pasticceria.

Ambra, che per sua stessa ammissione, è una gran golosa, è sempre impegnata nella ricerca e nell'elaborazione di dolci che le permettano di esprimere se stessa con altri sapori, consistenze e soprattutto colori.

Con lei si abbandona la concezione della pasticceria "classica", quella delle "pastarelle" della domenica e ci si cimenta in una pasticceria "allegra", colorata, ma soprattutto veloce e facile da fare.

Le sue sono piccole creazioni artistiche in chiave romantica e anche un po' fashion con un forte richiamo agli Stati Uniti, patria dei cupcake. Lei è la regina dei cupcake, ne fa di tutti i tipi e di tutti i gusti... sono senza dubbio il suo cavallo di battaglia.

Ambra ha una forte mentalità imprenditoriale, e grande è la sua voglia di fare, di studiare, di conoscere e farsi conoscere.

ambra

i miei dolci...

...giovani e innovativi!

ASPIC AL MIELE E MORE DI BOSCO

Ingredienti per 4 persone

- 80 g di miele di acacia
- 250 g di more
- 1 arancia non trattata
- 30 g di zucchero
- 350 ml di spumante dolce
- 1 stecca di vaniglia
- 20 g di colla di pesce
- foglioline di menta fresca q.b.

Trucco: prima di sformare gli aspic, immergere gli stampini in acqua calda per qualche istante

Procedimento

Con l'aiuto di un pelapatate, pelare l'arancia al vivo e tagliarla a julienne molto fine.

In una casseruola, riunire lo zucchero, 50 ml di acqua, la julienne di arancia, metà spumante, il miele e la stecca di vaniglia incisa nel senso della lunghezza. Portare a ebollizione e cuocere lo sciroppo finché lo zucchero non si sarà sciolto completamente.

Ammorbidire la colla di pesce in acqua fredda, scolare e aggiungere allo sciroppo in cottura mescolando finché non si sarà sciolta.

Eliminare la vaniglia e versare lo sciroppo in una brocca insieme allo spumante rimasto.

Suddividere le more (tenerne qualcuna da parte per guarnire) sul fondo di 4 stampini lisci della capacità di 1,5 dl, versare poca gelatina e far rapprendere in freezer. Proseguire nello stesso modo fino a esaurire gli ingredienti, quindi trasferire gli stampini in frigorifero per qualche ora.

Sformare gli aspic in piattini individuali e guarnire con foglioline di menta e more.

BACI ALLA MARMELLATA

- Ingredienti per circa 25 baci
- 150 g di farina 00
- 150 g di farina di mandorle
- marmellata di albicocche q.b. (o a piacere)
- 100 g di zucchero
- 150 g di burro morbido
- 1 cucchiaino di estratto di vaniglia
- 1 arancia non trattata
- 100 g di mandorle pelate in scaglie
- zucchero a velo q.b.
- sale q.b.

Procedimento

Mescolare le due farine, disporle a fontana su una spianatoia e incorporarvi al centro lo zucchero, il burro a pezzetti, la vaniglia, la scorza grattugiata dell'arancia e un pizzico di sale. Impastare velocemente, formare un panetto, avvolgerlo nella pellicola e far riposare in frigorifero per 30 minuti.

Confezionare con l'impasto delle palline della grandezza di una noce e disporle su una placca rivestita con carta da forno. Appiattire leggermente le palline con le dita e guarnire con le mandorle in scaglie. Cuocere in forno preriscaldato a 160 °C per 20 minuti finché la base dei biscotti non risulterà dorata.

Far raffreddare, levare dalla placca e farcire a due a due con la marmellata.

Servire spolverando di zucchero a velo.

BARRETTE ALL'AVENA E LAMPONI

Ingredienti per 12-14 barrette

- 110 g di farina 00
- 80 g di farina integrale
- 180 g di fiocchi d'avena
- 300 g di lamponi freschi
- 180 g di burro morbido
- 150 g di zucchero di canna
- 1 arancia non trattata
- zucchero a velo q.b.
- sale q.b.
- burro e farina per lo stampo

Procedimento

In un recipiente, mescolare le due farine e i fiocchi d'avena. Unire il burro a pezzetti e lavorare con le mani fino a ottenere un composto che si sbriciola. Aggiungere quindi lo zucchero, la scorza di arancia grattugiata e un pizzico di sale e lavorare fino a ottenere un impasto dalla consistenza più compatta.

Imburrare e infarinare una teglia e stendervi metà dell'impasto in uno strato uniforme. Distribuirvi sopra i lamponi e coprire con il resto della pasta sbriciolandola con le dita.

Cuocere in forno preriscaldato a 170 °C per 40-50 minuti, o comunque finché il dolce non avrà assunto un aspetto croccante. Tagliare a barrette e far raffreddare.

Servire spolverando di zucchero a velo.

BIGNÈ CHANTILLY

Ingredienti per 8 persone

~ Per i bignè
- 185 g di farina 00
- 100 g di burro morbido
- 6 uova
- zucchero q.b.
- sale q.b.

~ Per la crema chantilly
- 500 ml di panna fresca
- 1 stecca di vaniglia
- 150 g di zucchero a velo
- 1 cucchiaio di cannella in polvere

~ Per il caramello
- 500 g di zucchero

Procedimento

In un tegame, possibilmente dal fondo spesso, sciogliere il burro con 375 ml di acqua senza farla bollire e un pizzico di sale e zucchero, quindi togliere dal fuoco e unire in una sola volta la farina setacciata mescolando vigorosamente con un cucchiaio di legno fino a ottenere un composto liscio. Riportare sul fuoco e cuocere a fiamma dolce finché l'impasto non si staccherà dal fondo e dai bordi del tegame formando una palla. Togliere dal fuoco, trasferire in una ciotola, lasciare intiepidire, incorporare poco alla volta le uova sbattute e lavorare fino a ottenere un impasto lucido e sodo.

Con l'aiuto di una sacca da pasticciere con la bocchetta larga e liscia confezionare bignè di tre misure diverse (grossi per la base, medi e piccoli) e disporli ben distanziati l'uno dall'altro in tre teglie rivestite con carta da forno. Cuocere in forno preriscaldato a 220 °C per 25 minuti. Spegnere il forno e farvi riposare i bignè in modo da farli seccare bene.

In una ciotola a parte, montare la panna con una frusta elettrica, profumare con la stecca di vaniglia (incisa e raschiata all'interno), quindi unire lo zucchero a velo e la cannella. Con l'aiuto di una sacca da pasticciere farcire i bignè con la crema chantilly.

Per il caramello, in un tegame sciogliere a fiamma moderata lo zucchero con 100 ml di acqua finché non avrà raggiunto un bel colore ambrato. Togliere dal fuoco e lasciare intiepidire.

Immergere uno alla volta i bignè più grandi (solo la base) nel caramello e disporli in cerchio sul piatto da portata. Procedere nella stessa maniera con quelli medi e infine con i più piccoli formando una piramide.

Intingere le punte di due forchette, poggiate dorso contro dorso, nel caramello formando dei fili, e guarnire a piacere il dolce.

BISCOTTI ALLA NUTELLA

- Ingredienti per circa 40 biscotti
- 280 g di Nutella
- 2 uova
- 250 g di farina 00

Procedimento

In una ciotola, mescolare con una frusta la Nutella, le uova e la farina setacciata fino a ottenere un composto denso e colloso.

Con l'aiuto di una sacca da pasticciere, confezionare dei biscottini della dimensione di una noce e disporli ben distanziati l'uno dall'altro in una teglia rivestita con carta da forno. Cuocere in forno preriscaldato a 170 °C per 12-15 minuti.

Il parere di Antonella

Chi non conosce e non ama la Nutella? Chi non ha mai messo un dito nel barattolo? Allora provate questi biscotti! Garantisce la cuoca più golosa della "Prova del cuoco"... insieme alla conduttrice!

BISCOTTI DECORATI NATALIZI

- **Ingredienti per circa 20 biscotti**
- 380 g di farina 00
- 125 g di burro morbido
- 125 ml di melassa
- 100 g di zucchero
- 2 cucchiaini di zenzero in polvere
- 2 cucchiaini di cannella in polvere
- sale q.b.

~ Per la ghiaccia reale
- 2 albumi
- zucchero a velo q.b.
- 1 cucchiaio di succo di limone
- colorante in polvere q.b.

Procedimento

Passare al mixer il burro, la melassa e lo zucchero fino a ottenere una crema omogenea.

In una ciotola, setacciare la farina con lo zenzero, la cannella e un pizzico di sale. Aggiungere poco alla volta la miscela di farina al composto di burro e zucchero e passare al mixer ottenendo delle briciole. Unire 4-5 cucchiai di acqua e trasferire l'impasto su un piano di lavoro leggermente infarinato. Lavorare le "briciole" fino a formare una palla. Coprire con la pellicola e far riposare in frigorifero per 1 ora.

Stendere la pasta con il mattarello, ritagliare con stampini tagliabiscotti e disporre in una teglia rivestita con carta da forno. Cuocere in forno preriscaldato a 180 °C per 12-15 minuti. Far raffreddare e guarnire a piacere con pasta di zucchero, perline di zucchero o ghiaccia reale.

Per la ghiaccia reale, montare gli albumi unendo, poco alla volta, lo zucchero a velo setacciato fino a ottenere la consistenza desiderata, quindi aggiungere il succo di limone. Dividere la glassa in ciotoline diverse a seconda dei colori che si vogliono ottenere, aggiungere il colorante e mescolare.

CARPACCIO DI ANANAS MARINATO ALLE SPEZIE

Ingredienti per 8 persone

- 1 ananas maturo
- 30 g di pepe rosa disidratato
- 1 cucchiaio di pepe nero
- 2 cucchiai di pepe di Sichuan (pepe cinese aromatico)
- 1 cucchiaino di cannella in polvere
- 4 chiodi di garofano
- 4 semi di anice stellato
- 300 g di zucchero
- ½ bicchiere di limoncello
- 1 arancia non trattata

Procedimento

Tagliare le due estremità dell'ananas e togliere la buccia. Tagliare la polpa con l'affettatrice, dopo aver eliminato la parte dura centrale, ricavando delle fettine di 3-4 mm di spessore (in alternativa, utilizzare un coltello molto affilato) e trasferirle in un recipiente a chiusura ermetica.

In un tegame, sciogliere a fiamma dolce lo zucchero con 1 l di acqua. Portare a bollore, togliere dal fuoco e aggiungere le spezie, il limoncello e la scorza di arancia a listarelle. Lasciare in infusione finché lo sciroppo non si sarà raffreddato.

Versare sulle fettine di ananas e far marinare in frigorifero per circa 4 ore.

Scolare l'ananas dallo sciroppo e servire accompagnando a piacere con una pallina di gelato o frutti di bosco.

CHARLOTTE AI MARRON GLACÉ

Ingredienti per 8 persone

- 500 g di savoiardi
- 400 g di marron glacé
- 50 g di zucchero
- 3 cucchiai di rum bianco
- 1 cucchiaino di estratto di vaniglia
- 250 ml di panna fresca
- zucchero a velo q.b.
- 250 g di mascarpone
- cacao amaro in polvere q.b.
- violette candite per guarnire

Procedimento

Mescolare 400 ml di acqua fredda con lo zucchero, il rum e l'estratto di vaniglia. Bagnare i savoiardi nello sciroppo ottenuto, e foderare il fondo e i bordi di uno stampo a cerchio.

Montare la panna con lo zucchero a velo e incorporarla al mascarpone.

Disporre al centro dello stampo i marron glacé spezzettati, proseguire con il mascarpone e spolverare con il cacao. Ultimare con uno strato di savoiardi bagnati nello sciroppo e completare con ciuffetti di panna.

Guarnire con marron glacé spezzettati e, a piacere, con violette candite.

CHEESECAKE ALLE BANANE E RICCIOLI DI CIOCCOLATO

Ingredienti per uno stampo a cerniera di 26 cm di diametro

- 250 g di biscotti ai cereali o al cacao
- 320 g di banane sbucciate (più 2 per guarnire)
- 300 g di formaggio spalmabile
- 150 g di cioccolato fondente
- 150 g di burro fuso
- 80 ml di succo di arancia
- 140 g di zucchero
- 3 tuorli
- 8 fogli di colla di pesce
- 300 ml di panna fresca

Procedimento

Sciogliere il cioccolato a bagnomaria, versarlo in uno stampo di silicone e trasferirlo in frigorifero a solidificare, quindi ricavare i riccioli con un pelapatate.

Macinare finemente i biscotti in un robot da cucina (o, in alternativa, spezzettarli a mano) e aggiungere a poco a poco il burro fuso. Trasferire il composto in uno stampo rivestito con carta da forno, premendolo e appiattendolo sul fondo con l'aiuto di un cucchiaio. Far riposare in frigorifero per 30 minuti.

In una casseruola, cuocere a fiamma moderata le banane schiacciate con il succo di arancia per circa 4-5 minuti, quindi togliere dal fuoco e lasciare intiepidire.

In una planetaria (o in alternativa con uno sbattitore elettrico), amalgamare a bassa velocità il formaggio, lo zucchero e i tuorli fino a ottenere un impasto molto liscio.

Ammorbidire i fogli di colla di pesce in acqua tiepida.

In una ciotola a parte, montare la panna con una frusta elettrica.

Amalgamare i fogli di colla di pesce strizzati alle banane cotte (assicurandosi che la miscela non sia troppo calda), mescolando finché non si saranno sciolti completamente. Incorporare il composto di formaggio e poco alla volta la panna montata.

Stendere il composto sulla base di biscotti e far raffreddare completamente.

Coprire con la pellicola e far riposare in frigorifero per 4 ore.

Guarnire il dolce con le rondelle di banane e i riccioli di cioccolato.

Trucco: lucidando la superficie della cheesecake con della gelatina per crostate le banane non si scuriranno

CHURROS ALLA CANNELLA

Ingredienti per 10 churros

- 150 g di farina 00
- 30 g di burro
- 2 uova
- 120 g di zucchero
- 1 cucchiaino di cannella
- 1 l di olio di semi di arachide per friggere
- ½ cucchiaino di sale

Procedimento

Portare a bollore 250 ml di acqua con il burro e il sale. Versare in una sola volta la farina setacciata e mescolare vigorosamente con un cucchiaio di legno fino a ottenere un composto liscio. Cuocere a fiamma vivace finché l'impasto non si staccherà dal fondo e dai bordi della casseruola formando una palla. Togliere dal fuoco, far raffreddare, incorporare uno alla volta le uova e lavorare fino a ottenere un impasto liscio e lucido.

Trasferire il composto in una sacca da pasticciere con bocchetta grande a forma di stella. Ricavare dei bastoncini di circa 20 cm di lunghezza e tuffarli con delicatezza direttamente in una padella con abbondante olio bollente, aiutandosi con un coltello (per tagliarli).

Friggere a fiamma moderata finché i bastoncini non risulteranno completamente dorati. Sgocciolare su carta assorbente da cucina, rotolarli nello zucchero profumato con la cannella e servire ben caldi.

Il parere di Antonella

I churros ricordano molto le nostre frittelle di pasta choux. È bello conoscere ciò che amano mangiare gli altri popoli, perché in questo modo si arriva al cuore della gente!

CIAMBELLA AI SEMI DI PAPAVERO E RIBES ROSSO

Ingredienti per uno stampo a ciambella (circa 10 porzioni)

- 380 g di farina 00
- 4 cucchiai di semi di papavero
- ribes rosso q.b.
- 180 g di burro morbido
- 230 g di zucchero
- 3 uova
- 1 arancia non trattata
- 1 bustina di lievito istantaneo per dolci
- 250 ml di latte intero
- burro e farina per lo stampo

~ Per la glassa

- 1 albume
- 150 g di zucchero a velo
- 1 limone non trattato

Procedimento

Montare il burro e lo zucchero con uno sbattitore elettrico. Quando il composto risulterà spumoso, incorporare uno alla volta le uova, i semi di papavero, il succo di arancia e la scorza grattugiata. Setacciare la farina con il lievito e incorporarla delicatamente al composto, unire il latte, quindi versare in uno stampo a ciambella imburrato e infarinato e livellare. Cuocere in forno preriscaldato a 160 °C per 45 minuti, finché il dolce non apparirà ben sodo e lievitato. Far raffreddare e sformare su un piatto da portata.

Per la glassa, sbattere leggermente l'albume con la frusta elettrica, quindi incorporare lo zucchero e qualche goccia di succo di limone. Quando la glassa risulterà lucida e omogenea distribuirla sulla ciambella facendola colare sui lati. Appena prima che si indurisca, guarnire la superficie con il ribes rosso.

Servire quando la glassa sarà completamente indurita.

COOKIES CON GOCCE DI CIOCCOLATO

Ingredienti per 50 biscotti

- 400 g di farina 00
- 350 g di gocce di cioccolato fondente
- 150 g di zucchero
- 170 g di zucchero di canna
- 230 g di burro morbido
- 3 uova grandi
- 1 pizzico di lievito istantaneo per dolci
- 220 g di arachidi salate
- sale q.b.

Procedimento

Montare i due tipi di zucchero, il burro e un pizzico di sale con uno sbattitore elettrico. Quando il composto risulterà spumoso, incorporare uno alla volta le uova. Setacciare la farina con il lievito e unirla delicatamente al composto, aggiungere le arachidi metà sminuzzate e metà intere e infine le gocce di cioccolato.

Con l'aiuto di una sacca da pasticciere, confezionare delle palline della dimensione di una noce, appiattirle leggermente e disporle ben distanziate l'una dall'altra in una teglia rivestita con carta da forno. Cuocere in forno preriscaldato a 180 °C per circa 20 minuti.

Servire freddi.

CRÈME BRÛLÉE AL CAFFÈ

Ingredienti per 6 cocottine

- 600 ml di panna fresca
- 2 bacche di anice stellato
- 2 cucchiai di caffè solubile
- 6 tuorli
- 120 g di zucchero
- 200 g di zucchero di canna

Procedimento

Portare a bollore a fuoco moderato la panna con le bacche di anice stellato. Appena inizia a sobbollire, aggiungere il caffè solubile e mescolare finché non si sarà sciolto completamente. Togliere dal fuoco, far raffreddare e filtrare la panna.

In una ciotola, mescolare con la frusta elettrica i tuorli con lo zucchero. Aggiungere la panna a filo e trasferire sul fuoco. Mescolare con un cucchiaio in legno e quando la crema comincia a velare il cucchiaio togliere dal fuoco (non far bollire altrimenti la crème brûlée potrebbe impazzire!).

Versare la crema in cocottine monoporzione e trasferirle in una teglia grande con 3 dita di acqua. Cuocere in forno preriscaldato a 160 °C per circa 25 minuti. Sfornare, far raffreddare completamente e far rassodare in frigorifero.

Al momento di servire, con l'aiuto di un cannello a gas da cucina caramellare la superficie con lo zucchero di canna.

CROSTATA CON LE ROSE DI ZUCCHERO

Ingredienti per 8 persone

~ Per la pasta frolla integrale
- 100 g di farina 00
- 100 g di farina integrale
- 100 g di burro morbido
- 80 g di zucchero
- 1 uovo grande
- 1 pizzico di lievito istantaneo per dolci
- sale q.b.
- burro e farina per lo stampo

~ Per la crema ganache
- 250 ml di panna fresca
- 380 g di cioccolato fondente

~ Per guarnire
- 3 rose non trattate
- sciroppo di zucchero q.b.
- zucchero q.b.
- 180 g di marmellata alla rosa

Procedimento

Immergere a uno a uno i petali delle rose nello sciroppo di zucchero e poi nello zucchero, quindi disporre su un foglio di carta da forno e lasciare indurire per una notte.

Per la pasta frolla integrale, disporre le due farine a fontana su una spianatoia e incorporarvi al centro il burro a pezzetti, lo zucchero, l'uovo, il lievito e un pizzico di sale. Impastare velocemente con le mani, formare un panetto, avvolgerlo nella pellicola e far riposare in frigorifero per 30 minuti. Stendere la pasta con l'aiuto di un mattarello e foderare una tortiera imburrata e infarinata. Bucherellare con i rebbi di una forchetta e cuocere in forno preriscaldato a 180 °C per 20 minuti. Sformare, far raffreddare e trasferire su un piatto da portata.

Per la crema, portare a bollore la panna, quindi togliere dal fuoco e aggiungere il cioccolato a pezzetti. Mescolare finché i grumi non si saranno sciolti completamente. Far intiepidire.

Farcire la crostata con la marmellata alla rosa, coprire con la crema, far rassodare in frigorifero e guarnire con i petali di zucchero.

CROSTATA DI FRUTTA SECCA ALLA TOSCANA

Ingredienti per 8 persone

~ Per la pasta frolla integrale

- 180 g di farina 00
- 70 g di farina integrale
- 150 g di burro morbido
- 100 g di zucchero
- 1 tuorlo
- 1 uovo
- sale q.b.
- burro e farina per lo stampo

~ Per la crema ganache

- 250 ml di panna fresca
- 200 g di cioccolato fondente
- 200 g di cioccolato gianduia

~ Per guarnire

- 100 g di pinoli tostati
- 100 g di mandorle tostate
- 50 g di noci
- 50 g di pistacchi
- 50 g di noci pecan
- 30 g di uva passa
- 4 cucchiai di miele chiaro

Procedimento

Per la pasta frolla integrale, disporre le due farine a fontana su una spianatoia e incorporarvi al centro il burro a pezzetti, lo zucchero, le uova e un pizzico di sale. Impastare velocemente con le mani, formare un panetto, avvolgerlo nella pellicola e far riposare in frigorifero per 30 minuti. Stendere la pasta con l'aiuto di un mattarello e foderare una tortiera imburrata e infarinata. Bucherellare con i rebbi di una forchetta e cuocere in forno preriscaldato a 170 °C per

15-20 minuti. Sformare, far raffreddare e trasferire su un piatto da portata.

Per la crema, portare a bollore la panna, quindi togliere dal fuoco e aggiungere il cioccolato fondente e il gianduia a pezzetti. Mescolare finché i grumi non si saranno sciolti completamente. Far raffreddare, farcire la crostata e far rassodare in frigorifero.

Ricoprire la superficie della torta con la frutta secca e l'uva passa e ultimare con il miele a filo, che conferirà al dolce un aspetto lucente.

CROSTATINA GIALLA AI FICHI E SALSA DI ARANCE AMARE

Ingredienti per 1 crostatina

~ Per la pasta frolla
- 60 g di farina 00
- 50 g di farina di mais
- 40 g di zucchero
- 40 g di burro morbido
- 1 tuorlo
- 1 arancia non trattata
- sale q.b.
- farina e burro per lo stampo

~ Per la farcitura
- 100 g di fichi secchi
- 50 g di mandorle in scaglie

~ Per la salsa di arance
- 2 arance non trattate
- 80 g di zucchero
- 2 cucchiai di rum bianco (facoltativo)

Procedimento

Per la pasta frolla, disporre le due farine a fontana su una spianatoia e incorporarvi al centro il burro a pezzetti, lo zucchero, il tuorlo, la scorza grattugiata di 1 arancia e un pizzico di sale. Impastare velocemente con le mani, formare un panetto, avvolgerlo nella pellicola e far riposare in frigorifero per 30 minuti.

Con parte del composto ottenuto foderare uno stampo imburrato e infarinato, farcire con i fichi tagliati finemente e chiudere con la pasta rimasta. Cospargere la crostatina con le mandorle e cuocere in forno preriscaldato a 180 °C per 25 minuti.

Per la salsa, tagliare le arance a fette con la scorza e cuocerle per 15 minuti in un padellino con ½ bicchiere di acqua, lo zucchero e, a piacere, il rum. Servire la crostatina tiepida con la salsa di arance amare.

CROSTATINE DI ZUCCA E ARANCE MERINGATE

Ingredienti per 6 piccole crostatine

~ Per la pasta frolla

- 400 g di farina 00
- 180 g di zucchero
- 180 g di burro morbido
- 3 uova
- 1 arancia non trattata
- sale q.b.
- farina e burro q.b. per gli stampini

~ Per la crema di zucca

- 240 g di polpa di zucca cotta al forno
- 2 uova
- 250 ml di panna fresca
- 2 arance non trattate
- cannella in polvere q.b.
- 1 stecca di vaniglia
- 100 g di zucchero

~ Per la meringa

- 4 albumi
- 250 g di zucchero a velo

Procedimento

Per la pasta frolla, disporre la farina a fontana su una spianatoia e incorporarvi al centro il burro a pezzetti, lo zucchero, le uova, la scorza grattugiata di arancia e un pizzico di sale. Impastare velocemente con le mani, formare un panetto, avvolgerlo nella pellicola e far riposare in frigorifero per 30 minuti. Stendere la pasta con l'aiuto di un mattarello e foderare 6 stampini da crostatine, precedentemente imburrati e infarinati.

Per la crema di zucca, amalgamare con una frusta elettrica la polpa di zucca, le uova, la panna, la scorza di 1 arancia, un pizzico di cannella, la stecca di vaniglia (incisa e raschiata all'interno) e 70 g di zucchero.

Farcire le crostatine con la crema di zucca e cuocere in forno preriscaldato a 170 °C per circa 25 minuti.

Nel frattempo, tagliare l'arancia rimasta a fettine sottili e caramellare in padella con il rimanente zucchero e 1 cucchiaio di acqua. Far raffreddare.

Per la meringa, montare a neve ben ferma gli albumi finché non risulteranno spumosi, quindi incorporare, mescolando, lo zucchero a velo.

Disporre su ciascuna crostatina 1 fetta di arancia caramellata e guarnire con un ciuffo di meringa e un pizzico di cannella.

CRUMBLE AL CACAO CON CUORE AI PISTACCHI

Ingredienti per 4 persone

- 220 g di farina 00
- 4 cucchiai di farina di mais
- 2 cucchiai di cacao amaro in polvere
- 350 g di crema al pistacchio
- 50 g di pistacchi di Bronte
- 180 g di burro morbido
- 80 g di zucchero di canna
- 50 g di zucchero
- sale q.b.
- burro e farina per lo stampo
- foglie di menta per guarnire

Procedimento

In una ciotola, amalgamare le due farine con il burro, i due tipi di zucchero, il cacao e un pizzico di sale fino a ottenere un composto granuloso (nel caso risultasse troppo asciutto aggiungere 2 cucchiai di acqua).

Distribuire parte del composto, sbriciolandolo, in uno stampo imburrato e infarinato, farcire con abbondante crema al pistacchio e ricoprire con l'impasto rimasto. Cuocere in forno preriscaldato a 200 °C per 20 minuti.

Far raffreddare e guarnire con i pistacchi interi e qualche foglia di menta.

CUPCAKE AL CAFFÈ E BURRO DI ARACHIDI

Trucco: non farciti, i cupcake si possono conservare per una settimana dentro un contenitore a chiusura ermetica oppure si possono congelare

Ingredienti per 12 cupcake

- 180 g di farina 00
- 2 cucchiai di caffè solubile
- 125 g di burro morbido
- 125 g di zucchero
- 2 uova grandi
- ½ cucchiaino di lievito istantaneo per dolci
- sale q.b.

~ Per la crema

- 120 g di burro morbido
- 200 g di zucchero a velo
- 150 g di burro di arachidi
- chicchi di caffè per guarnire

Procedimento

In una planetaria (o in alternativa con uno sbattitore elettrico), montare a spuma il burro, quindi aggiungere lo zucchero e continuare a lavorare per alcuni minuti. Incorporare uno alla volta le uova e il caffè stemperato in 2 cucchiai di acqua calda, infine aggiungere la farina, il lievito e un pizzico di sale. Disporre in uno stampo da muffin 12 pirottini di carta e suddividere l'impasto con l'aiuto di due cucchiai o di una sacca da pasticciere. Riempire i pirottini per 2/3. Cuocere in forno preriscaldato a 180 °C per 15-18 minuti. Sformare e far raffreddare.

Per la crema, in una planetaria montare il burro a spuma, quindi incorporare lo zucchero a velo e il burro di arachidi ammorbidito con 3 cucchiai di acqua calda. Lavorare a bassa velocità ancora per qualche minuto (se necessario, trasferire la crema in frigorifero per farla rassodare).

Con l'aiuto di una sacca da pasticciere, guarnire i cupcake con un ciuffo di crema e qualche chicco di caffè.

CUPCAKE AL COCCO E CIOCCOLATO

Ingredienti per 10-12 cupcake

- 100 g di farina 00
- 70 g di farina di cocco
- 150 g di cioccolato fondente
- 230 g di burro morbido
- 100 g di zucchero
- 2 uova
- 1 cucchiaino di lievito istantaneo per dolci
- ½ bicchiere di panna fresca
- sale q.b.
- cocco in scaglie per guarnire

Procedimento

In una planetaria (o in alternativa con uno sbattitore elettrico), montare a spuma 150 g di burro, quindi aggiungere lo zucchero e continuare a lavorare per alcuni minuti. Incorporare uno alla volta le uova, e infine le farine, il lievito e un pizzico di sale. Disporre in uno stampo da muffin 12 pirottini di carta e suddividere l'impasto con l'aiuto di due cucchiai o di una sacca da pasticciere. Riempire i pirottini per 2/3. Cuocere in forno preriscaldato a 170 °C per 20-25 minuti. Sformare e far raffreddare.

Sciogliere il cioccolato a bagnomaria, incorporarvi la panna fredda (in modo da far rapprendere velocemente il cioccolato) e il burro rimasto a fiocchetti e far rassodare in frigorifero.

Trasferire il composto al cioccolato in una sacca da pasticciere con la bocchetta a rosetta e guarnire i cupcake. Guarnire con il cocco in scaglie e servire.

CUPCAKE ALLE CAROTE

Ingredienti per 12 cupcake

- 240 g di farina 00
- 280 g di carote
- 2 uova grandi
- 40 ml di latticello (40 ml di latte intero + 2 cucchiaini di succo di limone)
- 240 g di zucchero
- 240 ml di olio di semi di arachide
- 1 cucchiaino di estratto di vaniglia
- 80 g di uva passa
- 8 g di lievito istantaneo per dolci
- cannella in polvere q.b.
- zenzero in polvere q.b.
- sale q.b.

~ Per il frosting al formaggio

- 240 g di formaggio spalmabile
- 120 g di burro morbido
- 5 ml di estratto di vaniglia
- 190 g di zucchero a velo

Procedimento

In una ciotola, amalgamare con una frusta a mano le carote sbucciate e grattugiate finemente, le uova a temperatura ambiente, il latticello, lo zucchero, l'olio, l'estratto di vaniglia e l'uva passa. In un'altra ciotola, miscelare la farina, il lievito, un pizzico di cannella, zenzero e sale. Aggiungere man mano la miscela di farina a quella di carote mescolando con un cucchiaio fino a ottenere un composto omogeneo.

Disporre in uno stampo da muffin 12 pirottini di carta e suddividere l'impasto con l'aiuto di due cucchiai o di una sacca da pasticciere. Riempire i pirottini per 2/3. Cuocere in forno preriscaldato a 180 °C per 20-25 minuti. Sformare e far raffreddare.

Per il frosting al formaggio, lavorare il burro con la frusta elettrica a velocità medio-alta fino a ottenere un composto cremoso. Ridurre la velocità al minimo e aggiungere poco per volta il formaggio a tocchetti. Amalgamare, quindi unire, mescolando, l'estratto di vaniglia e gradualmente lo zucchero a velo setacciato. Lasciare in frigorifero per 30 minuti.

Trasferire la crema in una sacca da pasticciere e guarnire i cupcake.

Il parere di Antonella

Amo questa pasticceria pratica, facile, familiare, adatta a tutte le occasioni, e soprattutto adatta a chi, come me, non è bravissima nei dolci. Ma con questi cupcake il successo è assicurato!

CUPCAKE NUZIALI CON CIOCCOLATO BIANCO E ACQUA DI FIORI DI ARANCIO

Ingredienti per 12 cupcake

- 220 g di farina 00
- 2 cucchiai di acqua di fiori di arancio
- 180 g di burro morbido
- 180 g di zucchero
- 3 uova
- 1 cucchiaino di aceto bianco
- 1 bustina di vanillina
- 1 cucchiaino di lievito istantaneo per dolci
- 2 cucchiai di latte
- sale q.b.

~ Per la farcitura

- 300 g di cioccolato bianco
- 200 g di burro morbido
- zuccherini bianchi per decorare q.b.

Procedimento

In una planetaria (o in alternativa con uno sbattitore elettrico), montare a spuma il burro, quindi aggiungere lo zucchero e continuare a lavorare per alcuni minuti. Incorporare uno alla volta le uova, l'aceto e mescolare per qualche minuto. In una ciotola a parte, amalgamare la farina, la vanillina, il lievito e un pizzico di sale e incorporare poco alla volta all'impasto nella planetaria. Diluire con il latte e l'acqua di fiori di arancio. Disporre in uno stampo da muffin 12 pirottini di carta e suddividere l'impasto con l'aiuto di due cucchiai o di una sacca da pasticciere. Riempire i pirottini per 2/3. Cuocere in forno preriscaldato a 180 °C per 15-18 minuti. Sformare e far raffreddare.

Per la farcitura, in una planetaria montare il burro. Sciogliere a bagnomaria il cioccolato, far raffreddare e incorporare con delicatezza al burro. Trasferire la crema in una sacca da pasticciere, far rassodare in frigorifero per 30 minuti e guarnire i cupcake completando con gli zuccherini.

CUPCAKE RED VELVET

Ingredienti per 12 cupcake

- 200 g di farina 00
- 150 g di burro morbido
- 150 g di zucchero
- 2 uova grandi
- 3 cucchiaini di colorante rosso in polvere
- 80 g di purea di barbabietole cotte
- 80 g di yogurt bianco
- 1 cucchiaino di aceto bianco
- 30 g di cacao amaro in polvere
- ½ bustina di lievito istantaneo per dolci
- sale q.b.

~ Per la farcitura

- 100 g di burro morbido
- 125 g di zucchero a velo
- cannella in polvere q.b.
- 200 g di formaggio spalmabile

Procedimento

In una planetaria (o in alternativa con uno sbattitore elettrico), montare a spuma il burro, quindi aggiungere lo zucchero e continuare a lavorare per alcuni minuti. Incorporare uno alla volta le uova, il colorante leggermente diluito (1) con un cucchiaio di acqua e mescolare per qualche minuto. Aggiungere le barbabietole (2), lo yogurt e l'aceto. In una ciotola a parte, mescolare la farina, il cacao, il lievito e un pizzico di sale e incorporare poco alla volta all'impasto nella planetaria. Disporre in 2 stampi da muffin 12 pirottini di carta e suddividere l'impasto con l'aiuto di due cucchiai o di una sacca da pasticciere (3). Riempire i pirottini per 2/3. Cuocere in forno preriscaldato a 180 °C per 15-18 minuti. Sformare e far raffreddare.

Per la farcitura, in una planetaria montare il burro con lo zucchero a velo, profumare con un pizzico di cannella, quindi aggiungere il formaggio (se necessario, far rassodare la crema in frigorifero prima dell'utilizzo) (4).

Trasferire la crema in una sacca da pasticciere e guarnire i cupcake. Completare spolverando con la pasta di un cupcake sbriciolato.

1

2

3

4

5

FIORENTINE AL CIOCCOLATO

Ingredienti per 45 pezzi

- 500 g di cioccolato fondente di ottima qualità
- 50 g di pistacchi
- 50 g di mandorle tostate
- 50 g di arachidi
- 50 g di nocciole
- 40 g di uva passa
- 40 g di arancia o cedro candito
- 30 g di zuccherini colorati

Procedimento

Tagliare a pezzi il cioccolato e scioglierlo a bagnomaria. Lasciare intiepidire e con l'aiuto di una sacca da pasticciere (o di due cucchiai) distribuire il cioccolato su una placca rivestita con carta da forno formando tante medaglie di media grandezza (ben distanziate l'una dall'altra). Prima che il cioccolato si sia indurito completamente, guarnire a piacere con la frutta secca e gli zuccherini.

Staccare con delicatezza dalla carta da forno e servire.

Trucco: questi dolcetti si possono conservare, lontano da fonti di calore, dentro una scatola di latta con fogli di carta oleata

GRANITA AL KARKADÈ CON MORE E MANGO

Ingredienti per 8 bicchieri

- 100 g di fiori di karkadè essiccati
- 2 vaschette di more
- 1 mango maturo
- 230 g di zucchero
- noce moscata q.b.

Procedimento

In uno scolapasta, lavare i fiori di karkadè sotto l'acqua corrente così da eliminare tutte le impurità. Portare a bollore 600 ml di acqua, mettere in infusione i fiori e far riposare finché la tisana non avrà assunto un intenso colore viola. Filtrare e sciogliervi lo zucchero.

Frullare le more, aggiungerle al karkadè e profumare con un pizzico di noce moscata.

Trasferire il tutto in una vaschetta da freezer e far ghiacciare, mescolando di tanto in tanto.

Servire accompagnando con dadini di mango.

Il parere di Antonella

La tisana di karkadè è molto popolare in Africa, soprattutto in Senegal. Ha proprietà disintossicanti e depurative ed è ritenuta un potente afrodisiaco. Ecco perché Ambra la usa... ha un marito senegalese!

KEY LIME PIE
(CHEESECAKE AL LIME DELLA FLORIDA)

Ingredienti per uno stampo a cerniera di 26 cm di diametro
- 250 g di biscotti frollini leggeri
- 300 g di biscotti multicereali al cacao
- 180 g di burro

~ Per la farcitura
- 6 lime non trattati
- 4 tuorli
- 80-100 g di zucchero
- 500 g di formaggio fresco spalmabile
- 400 g di latte condensato

~ Per guarnire
- 3 albumi
- 200 g di zucchero a velo
- colorante alimentare giallo e verde in polvere o in gocce

Trucco: il lime ha un'acidità molto inferiore a quella del limone e la scorza è decisamente aromatica

Procedimento

Tritare i due tipi di biscotti al mixer fino a ottenere una farina grossolana. Fondere il burro senza farlo rosolare, distribuirlo a filo sui biscotti sbriciolati e amalgamare bene. Foderare con il composto i bordi e il fondo di una tortiera rivestita con carta da forno facendo pressione con le mani o con il dorso di un cucchiaio. Far raffreddare in frigorifero per qualche minuto.

Per la farcitura, montare i tuorli e lo zucchero con la frusta elettrica. Quando il composto risulterà spumoso, aggiungere il formaggio e il latte. Amalgamare il succo e la scorza grattugiata dei lime (solo la parte verde). Versare la crema sulla base di biscotti e cuocere in forno preriscaldato a 160 °C per circa 40 minuti, o comunque finché la superficie del dolce non risulterà dorata. Far raffreddare e trasferire in frigorifero per 2 ore.

Per guarnire, montare a neve ben ferma gli albumi finché non risulteranno spumosi, quindi incorporare, mescolando, lo zucchero a velo. Colorare la meringa con un pizzico (ne basta una punta di coltello) di polvere alimentare gialla e verde per ottenere il tipico colore del lime. Con l'aiuto di una spatola ricoprire la superficie del dolce e trasferire di nuovo in frigorifero

Servire freddo.

MACARONS AL CIOCCOLATO

- Ingredienti per circa 40 pezzi (20 macarons farciti)
- 180 g di farina di mandorle
- 200 g di zucchero a velo
- 40 g di cacao amaro in polvere
- 160 g di albumi
- 210 g di zucchero

~ Per la crema ganache
- 200 ml di panna fresca
- 450 g di cioccolato fondente nero
- 100 g di burro morbido

Procedimento

Tritare finemente al mixer la farina di mandorle con lo zucchero a velo e setacciare con cura per evitare che si formino grumi. Trasferire in una ciotola e unire il cacao setacciato.

Nel frattempo, montare a neve ben ferma gli albumi. In un pentolino, sciogliere a fiamma dolce lo zucchero con 75 ml di acqua e cuocere finché lo sciroppo non avrà raggiunto la temperatura di 118 °C (l'uso del termometro da pasticceria è indispensabile per questa preparazione). Versare lo sciroppo a filo sugli albumi e continuare a lavorare con lo sbattitore per altri 10 minuti per fare intiepidire.

Incorporare 1/3 degli albumi nella farina e lavorare con una spatola morbida fino a ottenere un composto elastico. Mescolare con un movimento circolare dall'alto verso il basso, unire poco alla volta gli albumi rimanenti, amalgamando bene l'impasto ma senza smontare la meringa. Trasferire in una sacca da pasticciere e confezionare i macarons utilizzando l'apposito tappetino in silicone (in alternativa, distribuire il composto in una teglia rivestita con carta da forno formando tante piccole "monete" ben distanziate l'una dall'altra). Picchiettare sul fondo della teglia per livellare perfettamente l'impasto. Far riposare a temperatura ambiente per 45 minuti-1 ora finché sulla superficie non si sarà formata una leggera crosticina. Cuocere in forno preriscaldato a 150 °C per 15 minuti. Sfornare, far raffreddare e sformare con delicatezza.

Per la crema, portare a bollore la panna, quindi togliere dal fuoco e aggiungere il cioccolato a pezzetti, mescolando finché i grumi non si saranno sciolti completamente. Lasciare intiepidire, unire il burro e far rassodare in frigorifero.

Farcire i macarons a due a due con la crema ganache.

MADELEINE

Ingredienti per 24 madeleine

- 175 g di farina 00
- 8 g di lievito istantaneo per dolci
- 150 g di zucchero
- 1 limone o arancia non trattati
- 3 uova
- 175 g di burro fuso
- 1 cucchiaio di miele di acacia
- sale q.b.
- burro q.b. per lo stampo

Trucco: sostituendo 25 g di farina con 25 g di cacao amaro in polvere si otterrà una versione più golosa!

Procedimento

In un recipiente, amalgamare con un cucchiaio la farina, il lievito, lo zucchero e la scorza grattugiata di limone. Incorporare le uova, il burro, il miele e un pizzico di sale e lavorare con l'aiuto di una frusta elettrica.

Riempire per 2/3 uno stampo da madeleine unto di burro e cuocere in forno preriscaldato a 180 °C per 12-15 minuti.

Servire tiepide.

Il parere di Antonella

Le madeleine sembrano conchiglie spugnose e inzuppate nel caffellatte o nel tè sono il top! Un tocco francese, elegante e classico non poteva mancare nel repertorio di Ambra. Questo è il suo spirito romantico!

MANDARINI SCIROPPATI CON MOUSSE AL PORTO

Ingredienti per 4 persone

- 6 mandarini
- 200 g di zucchero
- 100 g di cioccolato fondente
- 2 cucchiai di panna fresca
- 100 g di zucchero a velo
- 200 g di formaggio spalmabile
- 3 cucchiai di porto
- 1 rametto di menta fresca per guarnire

Procedimento

Tagliare a metà 4 mandarini, spremerne il succo e conservare le scorze. Levare con cura la polpa e sbollentare le scorze per pochi minuti in 250 ml di acqua con 100 g di zucchero.

Sbucciare i mandarini rimasti e caramellare gli spicchi in un pentolino con poca acqua, lo zucchero restante e il succo precedentemente ricavato.

Nel frattempo, sciogliere il cioccolato nel microonde e amalgamarlo con la panna fino a ottenere una crema liscia e lucida. Far raffreddare, unire lo zucchero a velo, il formaggio e aromatizzare con il porto.

Farcire le scorze dei mandarini con la mousse al cioccolato, irrorare con lo sciroppo di cottura degli spicchi e guarnire con foglioline di menta fresca.

MARSHMALLOW

- Ingredienti per 30 pezzi
- 360 g di zucchero
- 80 g di albumi
- 1 bustina di vanillina
- 20 g di colla di pesce
- 15 ml di succo di limone

~ Per la finitura
- 100 g di zucchero a velo
- 100 g di amido di mais

Procedimento

In una planetaria (o in alternativa con uno sbattitore elettrico), montare a neve ben ferma gli albumi (se si desidera colorare i marshmallow, aggiungere 1 cucchiaino di colorante alimentare in polvere).

In un tegame, sciogliere a fiamma dolce lo zucchero con 200 ml di acqua e cuocere finché lo sciroppo non avrà raggiunto la temperatura di 115 °C (l'uso del termometro da pasticceria è indispensabile per questa preparazione). Aggiungere la vanillina e versare lo sciroppo caldo a filo sugli albumi continuando a mescolare finché il composto non risulterà tiepido.

Ammorbidire la colla di pesce in acqua tiepida, strizzarla, scioglierla nel succo di limone caldo e aggiungere alla meringa.

In una ciotola, mescolare lo zucchero a velo con l'amido di mais e cospargere abbondantemente il fondo di una teglia dai bordi alti rivestita con carta da forno. Versare l'impasto, livellarlo e far indurire a temperatura ambiente per alcune ore. Rovesciare su un piano spolverato di zucchero e amido di mais, togliere la carta da forno e con l'aiuto di un coltello liscio leggermente inumidito tagliare prima a losanghe e poi a cilindretti. Cospargere nuovamente di zucchero e amido di mais e far indurire in frigorifero per 1 ora.

MELE ROSSE STREGATE

- Ingredienti per 8 mele
- 8 mele rosse piccole
- 100 g di granella di pistacchio
- 50 g di zuccherini colorati

~ Per il caramello
- 900 g di zucchero
- 50 g di miele
- 2 cucchiai di colorante rosso in polvere
- 1 cucchiaio di cannella in polvere
- 6 chiodi di garofano

Procedimento

Lavare e asciugare le mele. Privarle del picciolo e infilarle in stecchi di legno da gelato (o da lecca lecca).

Per il caramello, in una pentola alta e stretta sciogliere a fiamma dolce lo zucchero con 200 ml di acqua. Unire il miele, portare a 100 °C di temperatura, aggiungere il colorante, la cannella e i chiodi di garofano. Cuocere fino a raggiungere 150 °C di temperatura e togliere dal fuoco.

Immergere le mele una alla volta nel caramello e successivamente intingere la base prima nella granella di pistacchio e poi negli zuccherini. Disporre su una gratella sopra un foglio di carta da forno per far raffreddare e indurire il caramello.

Servire fredde.

Il parere di Antonella

Da questa ricetta traspare il "cuore di mamma" di Ambra. Per la piccola Gloria fa volare la sua fantasia unendo due favole: Biancaneve e la sua mela con la "porta delle stelle" dei film spaziali!

MILLEFOGLIE ALLO ZABAIONE E FRUTTA

Ingredienti per 8-10 persone

- 600 g di pasta sfoglia in un solo panetto
- 350 g di frutta a piacere (fragoline, pesche, frutti di bosco)
- 125 g di zucchero a velo
- cioccolato fondente per guarnire

~ Per la crema allo zabaione

- 500 g di mascarpone
- 1 arancia non trattata
- 1 bicchiere di marsala o porto
- 8 tuorli
- 180 g di zucchero

Procedimento

Stendere la pasta in una sfoglia molto sottile con l'aiuto di un mattarello e ricavare 4 dischi della stessa misura (circa 18 cm). Disporre i dischi in due teglie rivestite con carta da forno e bucherellarli con i rebbi di una forchetta. Cuocere in forno preriscaldato a 200 °C per circa 15 minuti, sfornare e far raffreddare. Cospargere con zucchero a velo e caramellare in forno (sotto il grill) finché la superficie non risulterà dorata.

Per la crema allo zabaione, cuocere il marsala a fiamma moderata finché non si sarà ridotto della metà. Montare i tuorli con lo zucchero, aggiungere il mascarpone, la scorza grattugiata di arancia e infine la riduzione al marsala fredda. Amalgamare bene.

Su un piatto da portata, disporre a strati la pasta sfoglia caramellata, la crema allo zabaione e la frutta tagliata a pezzetti. Ricoprire con la ghiaccia reale (si veda la ricetta "Biscotti decorati natalizi") e guarnire con qualche frutto di bosco e scaglie di cioccolato o toffee a piacere.

Maelle

MORBIDOFONDENTE AI LAMPONI

Ingredienti per uno stampo a cerniera di 22 cm di diametro

- 400 g di cioccolato fondente
- 1 vaschetta di lamponi freschi
- 200 g di burro morbido
- 2 uova
- 4 tuorli
- 180 g di zucchero
- 4 albumi
- farina e burro q.b. per lo stampo

Procedimento

Tagliare a pezzi il cioccolato e scioglierlo a bagnomaria, quindi aggiungere il burro e far raffreddare. Sbattere con la frusta elettrica le uova, i tuorli e lo zucchero. Unire al cioccolato insieme agli albumi montati a neve.

Versare 2/3 del composto in una tortiera imburrata e infarinata e cuocere in forno preriscaldato a 180 °C per circa 35 minuti. Far raffreddare, ricoprire la superficie con la crema rimasta e far rassodare in frigorifero.

Guarnire con i lamponi e servire.

MORETTINI GELATI CON GRANELLA DI PISTACCHI

Ingredienti per 8-10 morettini

~ Per il gelato alla vaniglia

- 300 ml di latte fresco intero
- 130 ml di panna fresca
- 130 g di zucchero
- 1 stecca di vaniglia

~ Per guarnire

- granella di pistacchi q.b.
- 400 g di cioccolato fondente
- 3 cucchiai di olio di semi di arachide

Procedimento

Scaldare il latte, la panna, lo zucchero e la stecca di vaniglia (incisa e raschiata all'interno). Raggiunta la temperatura di 85 °C (l'uso del termometro da pasticceria è indispensabile per questa preparazione), trasferire il composto nella gelatiera e far raffreddare per 30-40 minuti (in alternativa, riporre in freezer per circa 4 ore, mescolando di tanto in tanto).

Con l'aiuto di una sacca da pasticciere o di due cucchiai, trasferire il gelato negli appositi stampini da ghiaccioli (in alternativa, utilizzare dei bicchierini usa e getta da caffè). Aggiungere a ciascuno il relativo stecchino e trasferire in freezer.

Tagliare a pezzi il cioccolato e scioglierlo a bagnomaria insieme all'olio. Una volta induriti, immergere i gelati nel cioccolato tiepido e successivamente nella granella di pistacchi (per metà nel senso della lunghezza).

Disporre su carta da forno e conservare in frigorifero.

MOUSSE AI 3 CIOCCOLATI

Ingredienti per 8 persone

~ Per la mousse al cioccolato fondente

- 180 g di cioccolato fondente al 70%
- 180 ml di latte
- 5 g di colla di pesce
- 250 ml di panna fresca

~ Per la mousse al cioccolato al latte

- 220 g di cioccolato al latte
- 180 ml di latte
- 5 g di colla di pesce
- 250 ml di panna fresca

~ Per la mousse al cioccolato bianco

- 240 g di cioccolato bianco
- 180 ml di latte
- 5 g di colla di pesce
- 250 ml di panna fresca

Procedimento

Scaldare il latte (senza farlo bollire) e aggiungervi la colla di pesce precedentemente ammorbidita in acqua fredda.

Nel frattempo, sciogliere a bagnomaria (o in microonde) il cioccolato e quando entrambi gli ingredienti avranno raggiunto una temperatura pari a 35 °C, versare il latte sul cioccolato e mescolare partendo dal centro.

Montare la panna e unirla agli altri ingredienti.

Ripetere il procedimento per ogni tipo di cioccolato.

Disporre a strati le tre mousse in bicchierini monoporzione, facendo raffreddare ciascuno strato in frigorifero per almeno 15 minuti prima di aggiungere il successivo.

Trasferire in frigorifero qualche ora e guarnire a piacere.

MOUSSE AL CACAO CON GELATINA ALLE VIOLETTE

- Ingredienti per uno stampo a cerniera di 24 cm di diametro o 8 stampini
- 250 g di biscotti secchi al cioccolato
- 80 g di burro

~ Per la mousse al cacao
- 180 g di cacao amaro in polvere
- 8 g di colla di pesce
- 110 g di zucchero
- 600 ml di panna fresca
- 100 g di cioccolato fondente

~ Per la gelatina
- 80 g di miele chiaro
- 80 g di zucchero
- 12 g di colla di pesce
- essenza di violetta q.b.
- 2 limoni non trattati
- fiori di violetta edibili o violette candite per guarnire

Procedimento

Tritare i biscotti al mixer fino a ottenere una farina grossolana. Fondere il burro senza farlo rosolare, distribuirlo a filo sui biscotti sbriciolati e amalgamare bene. Foderare con il composto i bordi e il fondo di uno stampo a cerniera (o piccoli anelli da pasticceria) rivestito con carta da forno facendo pressione con le mani o con il dorso di un cucchiaio. Far raffreddare in frigorifero per qualche minuto.

Per la mousse, ammorbidire la colla di pesce in acqua tiepida. Sciogliere a fiamma dolce lo zucchero con 250 ml di panna. Togliere dal fuoco, aggiungere la colla di pesce ben strizzata e il cioccolato a pezzetti. Amalgamare con cura e incorporare il cacao setacciato, lavorando con una frusta fino a ottenere una crema solida. Far raffreddare in frigorifero per 1 ora. Montare la panna rimasta e unire poco alla volta alla crema. Versare sulla base di biscotti e far rassodare in frigorifero.

Per la gelatina, portare a bollore 350 ml di acqua con il miele e lo zucchero, lasciare intiepidire e sciogliervi la colla di pesce ammorbidita in acqua tiepida, l'essenza di violetta, il succo e la scorza grattugiata dei limoni. Appena inizia a rassodarsi, versarne un primo strato sul dolce, disporvi le violette e coprire con la gelatina rimasta.

Trasferire di nuovo in frigorifero finché la gelatina non avrà assunto consistenza.

PANNA COTTA DI GRACE AL CARAMELLO

- Ingredienti per 8 stampini
- 1 l di panna fresca
- 260 g di zucchero a velo
- 1 stecca di vaniglia
- 12 g di colla di pesce
- 2 cucchiai di fiori di lavanda essiccati

~ Per la salsa mou
- 350 g di zucchero
- 30 g di burro salato
- 250 ml di panna fresca

Procedimento

Ammorbidire la colla di pesce in acqua fredda per 10 minuti.

In un pentolino, bollire per 2 minuti la panna, lo zucchero a velo e la stecca di vaniglia incisa e i semi. Aggiungere i fiori di lavanda e lasciare in infusione per 10 minuti.

Unire alla panna la colla di pesce strizzata e mescolare finché non si sarà sciolta completamente. Filtrare il composto con un colino a maglie strette (per ottenere un gusto più deciso non eliminare la lavanda ma solo la vaniglia) e versarlo in 8 stampini o in uno stampo unico a cassetta della capacità di circa 1 l aiutandosi con un mestolo. Far rassodare in frigorifero per almeno 3 ore.

Per la salsa mou, in un pentolino con lo zucchero versare a filo 200 ml di acqua e far bollire a fiamma moderata senza più mescolare (se occorre, far ruotare il pentolino non appena l'acqua inizierà a evaporare) finché lo zucchero non avrà assunto un colore bruno, quindi togliere dal fuoco e lasciare intiepidire. Con l'aiuto di una frusta incorporare il burro e la panna calda (un cucchiaio alla volta). Rimettere sul fuoco e portare a bollore. Spegnere la fiamma e far raffreddare, mescolando di tanto in tanto.

Prima di servire, immergere lo stampo per qualche secondo in acqua bollente, sformare su un piatto da portata e guarnire con la salsa.

PROFITEROLE AL GIANDUIA E MASCARPONE

Ingredienti per 8 persone

- 160 g di farina 00
- 400 g di mascarpone
- 100 g di burro
- 4 uova
- 120 g di zucchero a velo
- sale q.b.

~ Per la crema gianduia

- 40 g di crema gianduia
- 30 ml di panna fresca
- 4 cucchiai di cacao amaro in polvere

Procedimento

Portare a bollore 200 ml di acqua con il burro e un pizzico di sale. Togliere dal fuoco, incorporare in una sola volta la farina, mescolare e riportare sul fuoco. Cuocere a fiamma vivace finché l'impasto non si staccherà dal fondo e dai bordi della casseruola formando una palla. Lasciare intiepidire, quindi incorporare uno alla volta le uova, aggiungendo il successivo solo dopo aver amalgamato perfettamente il precedente.

Con l'aiuto di una sacca da pasticciere con la bocchetta larga e liscia confezionare piccoli bignè della dimensione di una noce e disporli ben distanziati l'uno dall'altro in una teglia rivestita con carta da forno. Cuocere in forno preriscaldato a 200 °C per 25 minuti.

In un pentolino, sciogliere a fiamma dolce, mescolando, la panna con il cacao. Portare a bollore, togliere dal fuoco e incorporare la crema gianduia.

In una ciotola, lavorare il mascarpone con lo zucchero a velo e con l'aiuto di una sacca da pasticciere farcire i bignè.

Disporre i bignè su un piatto da portata, ricoprire con la crema gianduia e far riposare in frigorifero per qualche ora prima di servire.

ROCKY ROAD (TORRONE AMERICANO)

Ingredienti per 20 bocconcini

- 400 g di cioccolato fondente
- 100 g di arachidi tostate
- 100 g di nocciole
- 150 g di ciliegine rosse candite
- 320 g di marshmallow
- 60 g di farina di cocco

Procedimento

Riunire in una ciotola capiente le arachidi, le nocciole, le ciliegine, i marshmallow e la farina di cocco.

Tagliare a pezzi il cioccolato e scioglierlo a bagnomaria. Lasciare intiepidire e aggiungere, mescolando, al resto degli ingredienti.

Trasferire in uno stampo quadrato rivestito con carta da forno e far rassodare in frigorifero.

Sformare con delicatezza e tagliare a trancetti.

SALAME AL CIOCCOLATO BIANCO

Ingredienti per 8 persone

- 100 g di biscotti al cacao
- 250 g di cioccolato bianco
- 50 g di burro morbido
- 1 arancia non trattata
- 1 uovo
- 50 g di nocciole
- 50 g di pistacchi sgusciati
- 10 ciliegine rosse candite

Procedimento

Sciogliere il cioccolato a pezzetti a bagnomaria e lasciare intiepidire. Amalgamare il burro, la scorza grattugiata di arancia, l'uovo, i biscotti tritati grossolanamente, la frutta secca e far rassodare in frigorifero per 15 minuti. Stendere il composto formando un rettangolo su un foglio di carta da forno e sul lato più lungo disporre in fila le ciliegine candite. Arrotolare aiutandosi con la carta da forno e formare un salame cilindrico.

Far solidificare in frigorifero per circa 2 ore, tagliare a fette e servire.

Il parere di Antonella

I dolci di Ambra svelano la sua personalità, le sue contraddizioni. Il bianco e il nero, come lei, come la sua vita, il colore della sua pelle, le sue due anime. Una ricchezza che Ambra tramuta in ricetta.

SEMIFREDDO ALLE PESCHE CARAMELLATE E LAMPONI

Ingredienti per uno stampo da plumcake o 10 stampini

- 500 g di yogurt magro
- 4 pesche
- 2 vaschette di lamponi
- 160 g di zucchero
- 40 g di burro
- 1 stecca di vaniglia

~ Per la meringa

- 3 albumi
- 300 g di zucchero a velo

Trucco: sostituendo la meringa alla panna montata, il dolce risulterà più leggero

Procedimento

In una padella antiaderente, caramellare 80 g di zucchero con il burro a fiamma moderata. Quando avrà assunto un bel colore ambrato, togliere dal fuoco, aggiungere le pesche tagliate a dadini e profumare con la stecca di vaniglia (incisa e raschiata all'interno): i dadini dovranno risultare lucidi ma non disfatti. Far raffreddare.

Cuocere i lamponi in un padellino con poca acqua e lo zucchero rimasto per circa 15 minuti fino a ottenere una confettura.

Nel frattempo, preparare la meringa. Montare a neve ben ferma gli albumi finché non risulteranno spumosi, quindi incorporare, mescolando, lo zucchero a velo.

Scolare i dadini di pesche, se necessario (il loro liquido potrebbe compromettere la consistenza del semifreddo), e, con un cucchiaio, unirli allo yogurt. Aggiungere poco alla volta la meringa facendo attenzione a non smontarla.

Versare il composto in uno stampo rivestito con carta da forno (così da poterlo sformare con facilità) e far rassodare in freezer per almeno 4 ore.

Servire accompagnando con la confettura di lamponi.

TARTE TATIN AI FICHI E ROSMARINO

Ingredienti per uno stampo a cerniera di 26 cm di diametro

- 400 g di pasta sfoglia
- 3 mele renette
- 12 fichi maturi di media grandezza
- 100 g di zucchero
- 80 g di burro
- 1 stecca di vaniglia
- 1 rametto di rosmarino
- burro e zucchero per lo stampo

Procedimento

Sbucciare le mele e tagliarle in 6 spicchi ciascuna.

In una padella antiaderente, caramellare lo zucchero con il burro a fiamma moderata. Quando avrà assunto un bel colore ambrato, aggiungere la stecca di vaniglia (incisa e raschiata all'interno) e le mele e farle ammorbidire.

Imburrare e zuccherare abbondantemente il fondo di uno stampo, cospargere di rosmarino tritato, disporre a raggiera piuttosto fitta i fichi divisi a metà e terminare con uno strato di mele.

Stendere la pasta sfoglia con l'aiuto di un mattarello e coprire la frutta rimboccando con cura la pasta lungo i bordi (così da sformare il dolce con più precisione). Cuocere in forno preriscaldato a 175 °C per circa 40 minuti.

Servire tiepido.

TIRAMISÙ AI FRUTTI ESOTICI

Ingredienti per 12 persone

- 1 confezione di savoiardi
- 2 papaie
- 2 manghi
- 4 frutti della passione
- 150 g di cioccolato fondente
- 50 g di zucchero di canna

~ Per la bagna al cacao

- 350 ml di panna fresca
- 200 ml di latte
- 2 cucchiai di zucchero
- 6 cucchiai di cacao amaro in polvere

~ Per la crema al mascarpone

- 500 g di mascarpone
- 3 uova
- 5 cucchiai di zucchero

Procedimento

Sciogliere il cioccolato a bagnomaria, versarlo in uno stampo di silicone, trasferirlo in frigorifero a solidificare, quindi ricavare i riccioli con un pelapatate.

Lavare la frutta, sbucciarla e tagliarla a pezzi (conservando due frutti della passione interi).

Per la bagna al cacao, in un pentolino far scaldare la panna e il latte. Unire lo zucchero e il cacao, mescolare con cura con l'aiuto di una frusta per evitare che si formino i grumi e far raffreddare.

Per la crema al mascarpone, lavorare i tuorli con lo zucchero fino a ottenere un composto spumoso, quindi aggiungere il mascarpone. Montare a neve gli albumi e unirli al mascarpone mescolando delicatamente per non smontarli.

In una coppa grande, distribuire un paio di cucchiai di crema al mascarpone, disporvi sopra i savoiardi inzuppati nella bagna al cacao e successivamente la crema al mascarpone. Unire le fette di frutta e la polpa del frutto della passione. Cospargere con la crema al mascarpone, proseguire con un altro strato di biscotti e continuare fino a esaurimento degli ingredienti. Completare con la crema al mascarpone, guarnire con i frutti della passione tagliati a metà e i riccioli di cioccolato.

Al momento di servire, con l'aiuto di un cannello a gas da cucina caramellare la superficie con lo zucchero di canna.

TIRAMISÙ AL CACAO E ZAFFERANO

Ingredienti per 6 persone

- 1 confezione di savoiardi
- ½ limone non trattato
- frutta secca q.b.
- uva passa q.b.
- 2 cucchiai di zucchero
- cacao amaro in polvere q.b.

~ Per la bagna al cacao

- 150 ml di panna fresca
- 1 cucchiaio di zucchero
- 5 cucchiai di cacao amaro in polvere

~ Per la crema allo zafferano

- 2 bustine di zafferano
- 300 g di mascarpone
- 2 uova
- 3 cucchiai di zucchero

Procedimento

Per la bagna al cacao, in un pentolino far scaldare la panna. Unire lo zucchero e il cacao, mescolare con cura con l'aiuto di una frusta per evitare che si formino i grumi e far raffreddare.

Per la crema allo zafferano, lavorare i tuorli con lo zucchero e lo zafferano fino a ottenere un composto spumoso, quindi aggiungere il mascarpone. Montare a neve gli albumi e unirli al mascarpone mescolando delicatamente per non smontarli.

In coppe trasparenti, disporre a strati i savoiardi inzuppati nella bagna al cacao e la crema allo zafferano. Completare con la crema e spolverare con il cacao.

In un pentolino, caramellare la scorza di limone con 4 cucchiai di acqua e lo zucchero. Guarnire a piacere il dolce con la frutta secca, l'uva passa e la scorza di limone caramellato.

TORRONE MORBIDO ALLA FRUTTA

Ingredienti per 10 persone

- 125 g di albumi (a temperatura ambiente)
- 1,2 kg di frutta secca (mandorle, nocciole, pistacchi o solo un tipo)
- 750 g di zucchero
- 450 g di miele di acacia
- 125 g di zucchero a velo

Procedimento

In una planetaria (o in alternativa con uno sbattitore elettrico), montare a neve ben ferma gli albumi.

In un tegame, sciogliere a fiamma dolce lo zucchero con 225 ml di acqua e cuocere finché lo sciroppo non avrà raggiunto la temperatura di 140-145 °C (l'uso del termometro da pasticceria è indispensabile per questa preparazione).Versare lo sciroppo a filo sugli albumi continuando a mescolare.

In un altro tegame, sciogliere a fiamma dolce il miele e cuocere, continuando a mescolare, finché non avrà raggiunto la temperatura di 120° C (attenzione a non superare la temperatura: il miele bruciato altera il colore e il sapore del torrone).

Disporre la frutta secca su una placca rivestita con carta da forno e infornare a 150 °C per circa 10 minuti (la frutta dev'essere calda perché non ci sia una differenza di temperatura con la meringa). Incorporare la frutta alla meringa facendo attenzione a non smontarla.

Stendere il torrone con una spatola su una placca rivestita con carta da forno spolverata con abbondante zucchero a velo. Far riposare per almeno 10 ore a temperatura ambiente.

Una volta solidificato tagliare a tranci.

Trucco: tagliato in piccoli pezzi, lo si può confezionare in sacchettini regalo per i più piccoli

TORTA AL COCCO

Ingredienti per uno stampo a ciambella

- 350 g di farina 00
- 200 g di farina di cocco
- 125 g di yogurt al cocco
- 3 uova
- 150 g di burro molto morbido
- 230 g di zucchero
- 180 ml di latte
- 1 bustina di lievito istantaneo per dolci
- sale q.b.

~ Per guarnire

- 500 g di mascarpone
- 150 g di zucchero a velo
- 50 g di cocco in scaglie

Trucco: le scaglie di cocco doneranno al dolce un aspetto più goloso!

Procedimento

Separare i tuorli dagli albumi. Montare il burro e lo zucchero con uno sbattitore elettrico. Quando il composto risulterà spumoso, incorporare uno alla volta i tuorli, lo yogurt, la farina di cocco e il latte. Mescolare il lievito e un pizzico di sale alla farina 00 e unire all'impasto. Da ultimo amalgamare gli albumi montati a neve. Cuocere in forno preriscaldato a 170 °C per 45 minuti. Far raffreddare e sformare su un piatto da portata.

Lavorare il mascarpone con lo zucchero a velo. Con l'aiuto di una spatola ricoprire abbondantemente la superficie della ciambella con la crema e completare con il cocco in scaglie.

TORTA ALLA ZUCCA CON SALSA AL MOU

Ingredienti per 10 persone

- 250 g di polpa di zucca senza semi e senza scorza
- 80 g di farina di mandorle
- 200 g di farina autolievitante
- 180 g di burro morbido
- 160 g di zucchero di canna
- 3 uova
- 1 pizzico di lievito istantaneo per dolci
- 2 cucchiaini di orzo solubile
- cannella in polvere q.b.
- burro e farina per lo stampo

~ Per la salsa al mou

- 120 g di zucchero
- 100 ml di panna fresca
- 1 cucchiaino di estratto di vaniglia

Procedimento

Grattugiare la polpa di zucca e asciugarla con un panno carta. Montare il burro e lo zucchero con uno sbattitore elettrico. Quando il composto risulterà spumoso, incorporare uno alla volta le uova, le due farine, il lievito, l'orzo, un pizzico di cannella e da ultimo la zucca grattugiata. Trasferire il composto in una tortiera di 20 cm di diametro imburrata e infarinata e cuocere in forno preriscaldato a 160 °C per 45 minuti. Far raffreddare.

Per la salsa al mou, caramellare lo zucchero in 4 cucchiai di acqua a fiamma moderata. Quando avrà assunto un bel colore ambrato, aggiungere la panna bollente e l'estratto di vaniglia. Cuocere, mescolando, fino a ottenere un composto fluido.

Versare una parte della salsa al mou sulla torta (così da impregnarla) e servire il resto a parte.

TORTA ALLE CILIEGIE

Ingredienti per uno stampo a cerniera di 24 cm di diametro

~ Per la pasta frolla
- 300 g di farina 00
- 110 g di burro morbido
- 2 cucchiai di zucchero
- 2 albumi
- 1 limone non trattato o 1 stecca di vaniglia
- sale q.b.
- zucchero a velo per guarnire
- burro e farina per lo stampo

~ Per la farcitura
- 2 vaschette di ciliegie mature
- 80 g di zucchero
- 1 limone non trattato
- 1 cucchiaino di noce moscata

Procedimento

Per la pasta frolla, disporre la farina a fontana su una spianatoia, e incorporarvi al centro il burro a pezzetti, lo zucchero, gli albumi, la scorza grattugiata di limone e un pizzico di sale. Impastare velocemente con le mani, formare un panetto, avvolgerlo nella pellicola e far riposare in frigorifero per 30 minuti. Stendere la pasta con l'aiuto di un mattarello e con 2/3 del composto foderare (mantenendo i bordi alti) uno stampo a cerniera imburrato e infarinato.

Per la farcitura, lavare e denocciolare le ciliegie tagliandole a metà. In una ciotola, riunire le ciliegie, lo zucchero, il succo e la scorza grattugiata di limone e la noce moscata.

Riempire fino al bordo la base della torta con le ciliegie (scolarle, se necessario), ricoprire con la pasta rimasta, sigillare bene i bordi e con un coltellino praticare sulla superficie delle incisioni a raggiera per favorire la cottura all'interno.

Cuocere in forno preriscaldato a 160 °C per circa 50 minuti.

Sfornare, spolverare con zucchero a velo e inserire nelle incisioni delle cannucce, o praticare dei forellini, per poter gustare l'abbondante succo rilasciato dalle ciliegie durante la cottura.

Servire la torta calda ma non bollente!

TORTA BLACKOUT AL CIOCCOLATO

Ingredienti per 3 tortiere a cerniera di 20 cm di diametro

- 170 g di farina 00
- 10 g di burro (a temperatura ambiente)
- 260 g di zucchero
- 2 uova
- 45 g di cacao amaro in polvere
- 5 g di bicarbonato
- 5 g di lievito istantaneo per dolci
- 160 ml di latte intero
- 1 bustina di vanillina
- sale q.b.
- burro e farina per gli stampi

~ Per la glassa

- 500 g di zucchero
- 1 cucchiaio di miele di acacia
- 125 g di cacao amaro in polvere
- 200 g di amido di mais
- 80 g di burro

Procedimento

In una planetaria (o in alternativa con uno sbattitore elettrico), montare il burro con lo zucchero, quindi incorporare uno alla volta le uova. A parte, montare a velocità medio-bassa il cacao, il bicarbonato, il lievito e un pizzico di sale. Riunire i due composti nella planetaria, aggiungere metà della farina setacciata e il latte. Mescolare e unire la farina rimasta.

Dividere il composto in 3 teglie imburrate e infarinate e cuocere in forno preriscaldato a 180 °C per circa 25 minuti. Sfornare e far raffreddare.

Per la glassa, in un pentolino portare a bollore 600 ml di acqua con lo zucchero, il miele e il cacao. Appena il composto inizia a bollire, aggiungere l'amido di mais stemperato in 200 ml di acqua fredda e far rapprendere. Togliere dal fuoco, aggiungere il burro e amalgamare energicamente fino a ottenere una crema compatta e spalmabile (se necessario, aggiungere 50 ml di acqua). Far raffreddare.

Da ogni torta, tagliare un sottile strato di impasto e passare al mixer per ottenere delle briciole.

Su un piatto da portata, disporre a strati le torte e la glassa. Completare con la glassa ricoprendo interamente la superficie del dolce (anche i lati), cospargere con le briciole di pasta e far riposare in frigorifero per 2 ore.

TORTA IN TAZZA

Ingredienti per 1 tazza americana (mug)

- 4 cucchiai di farina 00
- 3 cucchiai di zucchero
- 2 cucchiai di cacao amaro in polvere
- 3 cucchiai di latte intero
- 1 cucchiaio di olio di semi di arachide
- 1 uovo
- 1 pizzico di lievito istantaneo per dolci
- 1 pizzico di cannella (o scorza grattugiata di limone o di arancia)
- zucchero a velo per guarnire

Procedimento

Mescolare energicamente con un cucchiaio tutti gli ingredienti nella tazza. Cuocere nel microonde per circa 4 minuti a 750 watt.

Guarnire con zucchero a velo e servire nella tazza.

Il parere di Antonella

La torta "express" per chi ha una voglia improvvisa di dolce, ma non vuole spignattare. Io adoro i dolci che si fanno mischiando tutto e infornando. Un tocco di zucchero a velo e la magia di Ambra è compiuta!

TORTA MIMOSA ALLO YOGURT CON ALBICOCCHE E AMARENE

Ingredienti per 6 persone

- 1 pan di Spagna da 20 cm di diametro
- 1 vasetto di yogurt bianco (125 g)
- 150 g di albicocche sciroppate
- 200 g di amarene sciroppate
- 200 ml di panna fresca
- 2 cucchiai di zucchero a velo
- 4 fogli di colla di pesce

~ Per lo sciroppo al rum

- 80 g di rum bianco
- 120 g di zucchero

Procedimento

Per lo sciroppo, ridurre in padella 400 ml di acqua, lo zucchero e il rum.

Tagliare a fette il pan di Spagna, spennellarle con lo sciroppo e foderare degli stampini (tipo zuccotto) o uno stampo unico.

Montare la panna ben fredda (deve risultare molto soda) e zuccherare a piacere con lo zucchero a velo. Incorporare lo yogurt e i fogli di colla di pesce ammorbiditi in poca acqua tiepida e strizzati.

Distribuire la panna sul pan di Spagna, proseguire con le amarene, le albicocche sgocciolate e tagliate a pezzetti e irrorare con lo sciroppo al rum. Coprire con il pan di Spagna (anche a pezzi, ma senza bagnarlo) e disporre un secondo strato di panna, amarene, albicocche e sciroppo. Chiudere con il pan di Spagna e far riposare in frigorifero per alcune ore.

Sformare e tagliare a cubetti il pan di Spagna rimasto. Ricoprire il dolce con il composto di panna e yogurt, cospargere con i cubetti di pan di Spagna, facendoli aderire bene alla crema.

TORTA SBRISOLONA ALLO ZENZERO CANDITO E CIOCCOLATO BIANCO

Ingredienti per una tortiera di 26 cm di diametro

- 150 g di farina di mais
- 250 g di farina 00
- 100 g di zenzero candito o 50 g fresco
- 150 g di cioccolato bianco
- 200 g di zucchero
- 150 g di mandorle pelate
- 1 limone non trattato
- 2 tuorli
- 200 g di burro morbido
- 1 stecca di vaniglia
- 80 g di mandorle non pelate
- zucchero a velo per guarnire
- burro e farina per lo stampo

Procedimento

In un recipiente, unire le due farine, lo zucchero, le mandorle pelate tritate grossolanamente, la scorza grattugiata di limone, i tuorli, il burro e la stecca di vaniglia (incisa e raschiata all'interno). Lavorare velocemente con le mani: deve risultare un composto rustico e grossolano.

Distribuire uniformemente l'impasto sbriciolato in uno stampo imburrato e infarinato. Inserire qua e là nell'impasto lo zenzero, il cioccolato a dadini e le mandorle non pelate.

Cuocere in forno preriscaldato a 180 °C per circa 1 ora. Far raffreddare e sformare con grande attenzione (questo dolce è molto delicato e potrebbe rompersi facilmente).

Spolverare con zucchero a velo e servire.

TORTA SPEZIATA AL MARZAPANE

Ingredienti per una tortiera di 18 cm di diametro

- 240 g di farina 00
- 175 g di burro morbido
- 175 g di zucchero
- 3 uova
- 75 g di zenzero fresco grattugiato
- 2 cucchiaini di spezie miste
- 500 g di frutta essiccata mista
- 1 arancia non trattata
- 500 g di marzapane
- 1 albume per spennellare
- zucchero a velo e alchechengi per guarnire
- burro e farina per lo stampo

Procedimento

Montare il burro e lo zucchero con uno sbattitore elettrico. Quando il composto risulterà spumoso, incorporare uno alla volta le uova e, se si formano dei grumi, un po' di farina. Unire gradualmente tutta la farina, lo zenzero, le spezie, la frutta essiccata e la scorza grattugiata di arancia. Distribuire uniformemente metà del composto in una tortiera imburrata e infarinata.

Stendere metà del marzapane su una spianatoia, formare un disco un po' più piccolo della tortiera, farlo aderire al primo strato di impasto e completare con quello rimasto. Cuocere in forno preriscaldato a 150 °C per circa 2 ore. Far raffreddare nello stampo.

Ricoprire con un secondo disco di marzapane, spennellare con l'albume e passare la torta al grill per 3 minuti.

Guarnire con zucchero a velo e alchechengi.

TORTINO AL CIOCCOLATO DAL CUORE FONDENTE

Ingredienti per 4 tortini
- 150 g di cioccolato fondente
- 2 uova
- 90 g di zucchero a velo
- 80 g di burro morbido
- cacao amaro in polvere q.b.

Procedimento

In una terrina, sbattere le uova con lo zucchero a velo fino a ottenere un composto gonfio e spumoso. Incorporare il cioccolato sciolto a bagnomaria insieme al burro e amalgamare bene.

Versare il composto in stampini imburrati e spolverati con il cacao e cuocere in forno preriscaldato a 200 °C per 10-13 minuti.

Servire accompagnando a piacere con salsa alle albicocche o crema inglese alla vaniglia.

Trucco: la salsa di albicocche può essere sostituita con crema inglese alla vaniglia

TRONCHETTO NATALIZIO

Ingredienti per 10 persone

- ½ panettone
- crema gianduia o al cioccolato q.b.

~ Per lo sciroppo al rum

- 3 cucchiai di zucchero
- 2 cucchiai di rum bianco

~ Per la crema al burro di cacao

- 400 g di burro morbido
- 200 g di zucchero a velo
- 5 cucchiai di cacao amaro in polvere

Procedimento

Tagliare a fette il panettone e disporle su un foglio di pellicola (1).

Per lo sciroppo, ridurre in padella 1 bicchiere di acqua, lo zucchero e il rum. Bagnare le fette di panettone con lo sciroppo, disporvi sopra un foglio di carta da forno e spianarle con le mani o un mattarello (2). Rimuovere la carta da forno e farcire con la crema gianduia (3). Formare un rotolo, aiutandosi con la pellicola (4), tagliare le due estremità e avvicinarle, così da creare la forma di un ceppo.

Montare il burro con lo zucchero a velo e il cacao, trasferire la crema in una sacca da pasticciere con la bocchetta rigata e guarnire il panettone creando un disegno che ricordi le venature del legno.

Far riposare in frigorifero per 30 minuti e servire.

1

2

3

4

5

antonella

i miei primi...

...appetitosi
e pratici!

BIGOLI ALLA RUCOLA, RICOTTA E POMODORI SECCHI

Ingredienti per 6 persone

- 450 g di pasta lunga tipo bigoli
- 100 g di rucola
- 300 g di ricotta vaccina
- 40 g di pomodori secchi
- 80 g di parmigiano grattugiato
- 2 foglie di alloro
- olio extravergine d'oliva q.b.
- sale e pepe q.b.

Procedimento

Ammollare i pomodori per almeno 1 ora, strizzarli e batterli al coltello. Frullare metà della rucola con metà del parmigiano, 2 cucchiai di olio, la ricotta, sale e pepe.

Lessare la pasta in acqua salata e profumata con l'alloro.

Nel frattempo, scaldare i pomodori in padella con un filo di olio e un mestolo di acqua di cottura della pasta. Aggiungere la pasta scolata al dente e saltare per 5 minuti. Spegnere e unire il pesto di rucola.

Servire la pasta accompagnando con la rimanente rucola tagliata finemente e il parmigiano rimasto.

CONCHIGLIE "AL VERDE" CON TONNO

Ingredienti per 6 persone

- 480 g di pasta tipo conchiglie
- 1 mazzetto di prezzemolo
- 6 rametti di timo
- 10 foglie di basilico
- 10 fili di erba cipollina
- 200 g di tonno al naturale
- 1 limone non trattato
- 1 foglia di alloro
- ½ bicchiere di olio extravergine d'oliva
- sale q.b.

Procedimento

Lessare la pasta in acqua salata e profumata con l'alloro.

Nel frattempo, lavare e asciugare le erbe aromatiche, tritarle (a mano o con l'aiuto di un tritatutto) e amalgamare con il succo di limone e l'olio.

Scolare la pasta e condirla con l'intingolo aromatico.

Servire la pasta accompagnando con il tonno sbriciolato.

FARFALLE AL RAGÙ DI POLLO E CARCIOFI

- Ingredienti per 6 persone
- 450 g di pasta tipo farfalle
- 250 g di pollo
- 3 carciofi tipo mammole
- 1 mazzetto di prezzemolo
- 2 coste di sedano
- ½ cipolla bionda
- farina 00 q.b.
- ½ bicchiere di vino bianco secco
- 2 bicchieri di latte
- 2 foglie di alloro
- olio extravergine d'oliva q.b.
- sale q.b.

Procedimento

Tritare il prezzemolo, il sedano e la cipolla; spezzettare il pollo, pulire i carciofi e sminuzzarli.

Rosolare il sedano e la cipolla in padella con un filo di olio e 1 foglia di alloro. Aggiungere il pollo leggermente infarinato e proseguire la cottura a fiamma alta. Unire i carciofi e rosolare per qualche minuto, sfumare con il vino quindi, a completa evaporazione, aggiungere il latte e salare. Cuocere per 30 minuti a fiamma moderata lasciando addensare.

Lessare la pasta in acqua salata e profumata con la foglia di alloro rimasta. Scolare al dente e unire al ragù di pollo. Spadellare per 2 minuti e servire con una spolverata di prezzemolo.

FUSILLI CON RADICCHIO, SALSA DI GORGONZOLA E NOCI

Ingredienti per 6 persone

- 480 g di pasta tipo fusilli
- 2 cespi di radicchio tardivo
- 200 g di gorgonzola
- 120 g di noci
- 60 g di pane raffermo
- 1 bicchiere di latte
- 50 g di pecorino grattugiato
- 2 foglie di alloro
- olio extravergine d'oliva q.b.
- sale q.b.

Procedimento

Ammollare il pane nel latte, strizzarlo e frullarlo con le noci e il pecorino. Aggiungere il gorgonzola e amalgamare.

Lavare il radicchio e sminuzzarlo.

Lessare la pasta in acqua salata e profumata con l'alloro, scolare, mantecare con la salsa di formaggio e noci e accompagnare con il radicchio condito con un filo di olio.

PASTA "CASARECCIA"

Ingredienti per 6 persone

- 500 g di pasta fresca tipo casarecce
- 300 g di radicchio di Chioggia
- 4 salsicce
- 1 cipolla bionda
- 200 g di taleggio
- ½ bicchiere di vino rosso
- 20 g di parmigiano grattugiato
- olio extravergine d'oliva q.b.
- sale e pepe q.b.

Procedimento

Lavare il cespo di radicchio ed eliminare le foglie esterne quindi tagliarlo a listarelle.

Fare appassire la cipolla affettata sottilmente in una padella capiente con un filo di olio, quindi aggiungere la salsiccia sbriciolata e rosolare per qualche minuto.

Aggiungere il radicchio, regolare di sale e pepe e unire il vino. Mescolare, incoperchiare e cuocere finché il radicchio non sarà stufato.

Nel frattempo, lessare la pasta in abbondante acqua salata, scolarla e versarla nella padella con il condimento, aggiungere il taleggio tagliato a pezzetti e il parmigiano. Saltare la pasta con il radicchio e la salsiccia finché il taleggio non si sarà sciolto completamente.

RISOTTO AL PROSECCO E RADICCHIO

Ingredienti per 6 persone

- 480 g di riso Carnaroli
- 1 bicchiere di prosecco di Valdobbiadene
- 600 g di radicchio tardivo
- 1 cipolla bianca
- brodo vegetale q.b.
- 200 g di crescenza
- 80 g di lardo affettato sottilmente
- 2 foglie di alloro
- sale q.b.

Procedimento

Lavare e asciugare il radicchio e disporlo in un cartoccio di carta da forno insieme alle fettine di lardo (tenere da parte almeno 2 fettine per il soffritto) e 1 foglia di alloro, bagnare con ½ bicchiere di prosecco, chiudere con cura il cartoccio e cuocere in forno preriscaldato a 180 °C per 20 minuti.

Battere al coltello il lardo rimasto, affettare la cipolla e portare sul fuoco in una casseruola da risotto, aggiungere il riso, far tostare per 3 minuti, unire la foglia di alloro rimasta e sfumare con il prosecco rimanente. Portare a cottura mescolando, regolando di sale e aggiungendo man mano il brodo.

Far riposare a fuoco spento per qualche minuto, mantecare con la crescenza e servire accompagnando con il radicchio stufato in forno.

RISOTTO CON SALSICCIA ALLA BIRRA

Ingredienti per 4 persone

- 320 g di riso Carnaroli
- 300 g di salsiccia
- 150 ml di birra
- ½ cipolla bionda
- 1 rametto di salvia
- 1 l di brodo vegetale
- 20 g di parmigiano grattugiato
- 60 g di burro
- sale q.b.

Procedimento

Tritare la cipolla finemente e rosolarla insieme a 5-6 foglie di salvia in una casseruola con il burro. Appena il burro si sarà sciolto, aggiungere la salsiccia sbriciolata e continuare a rosolare.

Unire il riso e far tostare nel condimento. Bagnare con la birra e far evaporare. Portare a cottura mescolando, regolando di sale e aggiungendo, un mestolo per volta, il brodo bollente.

A cottura ultimata, togliere dal fuoco e mantecare con il parmigiano.

Far riposare coperto per un paio di minuti, guarnire con la salvia e servire.

SPAGHETTONI GOLOSONI

Ingredienti per 6 persone

- 480 g di pasta tipo spaghettoni
- 1 confezione di conserva di pomodori pelati a pezzetti (300 g)
- 1 costa di sedano
- 1 carota
- ½ cipolla dorata
- 1 pizzico di zucchero
- 120 g di speck affettato
- 1 piccolo peperoncino fresco
- 1 bicchiere di vino rosso
- 1 mazzetto di prezzemolo
- 2 foglie di alloro
- olio extravergine d'oliva q.b.
- sale q.b.

Procedimento

Tritare finemente il sedano, la carota e la cipolla, rosolarli in una casseruola con un filo di olio e 1 foglia di alloro. Unire la conserva di pomodori, sale e zucchero e cuocere a fiamma moderata per circa 15 minuti.

In una padella, rosolare a fiamma media lo speck tagliato a listarelle con un filo di olio. Aggiungere il peperoncino a pezzetti, levare dal fuoco, sfumare con il vino e far evaporare completamente. Unire la salsa di pomodori e proseguire la cottura per altri 8 minuti.

Lessare la pasta in abbondante acqua salata e profumata con la foglia di alloro rimasta.

Condire gli spaghettoni con il sugo, spolverare con abbondante prezzemolo tritato e servire.

i miei secondi...

...allegri
e invitanti!

CARTOCCIO DI SALMONE ALL'ARANCIA

Ingredienti per 6 persone

- 1 baffa di salmone da circa 800 g
- 4 arance non trattate
- 600 g di patate a pasta gialla
- 4 rametti di timo
- 2 foglie di alloro
- 2 cucchiai di aceto
- olio extravergine d'oliva q.b.
- 1 cucchiaino di sale grosso

Procedimento

Pelare le patate e tagliarle a spicchi. Privare della pelle la baffa di salmone, spinarla e dividerla in 6 scaloppe.

Pelare al vivo 3 arance.

Recuperare con l'aiuto di un pelapatate la scorza di 1 arancia e tritarla con il sale grosso e il timo (sale aromatico).

In una casseruola, portare a ebollizione l'acqua con l'aceto, immergere le patate e sbollentarle fino alla ripresa del bollore, scolarle e condirle con il sale aromatico.

Sovrapporre un ampio foglio di carta da forno su due altrettanto ampi fogli di alluminio. Appoggiare sulla carta da forno 4 fette di arancia, sistemare le scaloppe di salmone e le patate e condire con un filo di olio e il succo di 1 arancia. Chiudere a cartoccio, disporre in una teglia e cuocere in forno preriscaldato a 185 °C per circa 35 minuti.

Sfornare, aprire il cartoccio, guarnire con qualche spicchio di arancia al vivo e servire.

COTOLETTINE CON VERDURE

Ingredienti per 6 persone

- 18 fettine di magatello
- 4 peperoni (2 gialli e 2 rossi)
- 3 zucchine
- 1 cipolla di Tropea
- foglie di basilico q.b.
- pane bianco raffermo q.b.
- 1 cucchiaio di parmigiano grattugiato
- 3 cucchiai di farina 00
- 2 uova
- 1 foglia di alloro
- olio extravergine d'oliva q.b.
- sale q.b.

Procedimento

Tagliare finemente la cipolla. Tagliare i peperoni e le zucchine a dadini.

Rosolare la cipolla in un filo di olio con l'alloro, aggiungere i peperoni, cuocere per circa 6 minuti, quindi unire le zucchine. Proseguire la cottura per altri 6 minuti, spegnere il fuoco, salare, aggiungere alcune foglie di basilico e incoperchiare.

Frullare il pane con qualche foglia di basilico.

Sbattere le uova con il parmigiano e un goccio di acqua.

Passare al batticarne le fettine di magatello e pareggiarne i bordi. Infarinare rapidamente, passare nell'uovo e poi nel pangrattato.

Friggere la carne in abbondante olio (circa 3 minuti per lato) e sgocciolare su carta assorbente da cucina.

Servire le cotolettine accompagnandole con le verdure spadellate.

FANTASIA DI POMODORI

Ingredienti per 6 persone

- 200 g di pomodori Camone
- 200 g di pomodorini ciliegino
- 200 g di pomodorini datterini
- 200 g di pomodori San Marzano
- 300 g di pomodori cuore di bue
- 80 g di pomodori secchi
- 100 g di olive di Gaeta
- 1 mozzarella di bufala da circa 200 g
- 200 g di fagiolini freschi
- 15 g di mandorle pelate
- foglie di basilico fresco q.b.
- 2 foglie di alloro
- olio extravergine d'oliva q.b.
- sale e pepe q.b.

Procedimento

Tagliare a metà i pomodori Camone, ciliegino e datterini. Tagliare a rondelle i pomodori San Marzano e a cubotti i cuore di bue. Salare e pepare.

Ammollare i pomodori secchi in acqua tiepida e denocciolare le olive di Gaeta.

Scolare la mozzarella e riporla in una ciotola di acqua calda per almeno 10 minuti.

Mondare i fagiolini e scottarli in acqua bollente con un filo di olio e l'alloro, scolarli al dente, salare e far raffreddare.

Con l'aiuto di un frullatore omogeneizzare i pomodori secchi con le mandorle, 30 g circa di olio, 6 foglie di basilico e 1 fetta di mozzarella.

Disporre i fagiolini su un piatto da portata, sistemarvi sopra le fette di mozzarella e i pomodori, aggiungere le olive denocciolate e completare con l'emulsione di pomodori secchi.

HAMBURGER DI POLLO E SPINACI

Ingredienti per 6 persone

- 600 g di petto di pollo
- 80 g di spinaci novelli
- 150 g di champignon
- 60 g di scalogno
- 1 uovo
- 1 cucchiaio di triplo concentrato di pomodoro
- 1 bicchiere di vino bianco secco
- 40 g di burro
- olio extravergine d'oliva q.b.
- sale q.b.

Procedimento

Tagliare gli champignon a fettine.

Frullare il pollo a crudo con gli spinaci (meglio se con l'aiuto di un tritacarne).

In una padella, fare imbiondire nel burro lo scalogno tritato, lasciarlo intiepidire e trasferirlo in un recipiente insieme alla carne, all'uovo, al triplo concentrato di pomodoro. Regolare di sale.

Confezionare gli hamburger e cuocere in padella con un filo di olio per circa 6 minuti da un lato, girare delicatamente, rosolare per 1 minuto, aggiungere i funghi e sfumare con il vino. Proseguire la cottura per altri 8 minuti circa e servire.

INSALATONA GOLOSA D'INVERNO

Ingredienti per 6 persone

- 200 g circa di radicchio di Treviso
- 2 cespi di indivia belga
- 2 finocchi
- 150 g di prosciutto crudo affettato
- ½ bicchiere di vino rosso
- 250 g di quartirolo
- 3 arance non trattate
- 10 datteri freschi
- aceto di vino rosso q.b.
- 1 foglia di alloro
- olio extravergine d'oliva q.b.
- sale q.b.

Procedimento

Tagliare il prosciutto a listarelle e rosolarlo in una padella antiaderente con l'alloro. Quando sarà croccante, sfumare con il vino e far evaporare completamente.

Lavare il radicchio e l'indivia belga e tagliarli grossolanamente. Lavare i finocchi e tagliarli finemente.

Sbriciolare il quartirolo. Pelare le arance al vivo.

Denocciolare i datteri e tagliarli a spicchi.

In una ciotola capiente, riunire il radicchio, l'indivia, i finocchi, il quartirolo, gli spicchi di arance, i datteri e ultimare con il prosciutto rosolato. Condire con un filo di olio, qualche goccia di aceto di vino, un pizzico di sale e servire.

INVOLTINI DI ROAST-BEEF

Ingredienti per 6 persone

- 18 fettine di roast-beef già cotto
- 150 g di primosale fresco
- 200 g di tonno all'olio d'oliva sgocciolato
- 10 olive di Gaeta denocciolate
- 1 mazzetto di basilico
- 80-100 g di rucola
- 1 limone non trattato
- olio extravergine d'oliva q.b.
- sale e pepe bianco q.b.

Procedimento

Grattugiare il primosale, sbriciolare il tonno, sminuzzare le olive, tagliare finemente 6 foglie di basilico e condire il tutto con un filo di olio.

Lavare la rucola.

Frullare 6 cucchiai di olio con 30 foglie di basilico, il succo di limone, un pizzico di sale e pepe.

Stendere le fette di roast-beef su un tagliere, farcirle con una cucchiaiata di composto di primosale, tonno e olive e arrotolarle a involtino.

Servire gli involtini su un letto di rucola conditi con un filo di emulsione al basilico e limone.

MANZO SALTATO CON FUNGHI E ZENZERO

Ingredienti per 4 persone

- 500 g di polpa di manzo
- 150 g di funghi misti
- 1 cucchiaino di radice di zenzero grattugiato
- 20 g di farina 00
- 1 spicchio di aglio
- 4 cucchiai di salsa di soia
- 1 cipollotto
- 1 peperoncino fresco
- 2 cucchiai di olio extravergine d'oliva
- sale e pepe q.b.

Procedimento

Tagliare la polpa di manzo a bocconcini e passarli nella farina.

In una padella con l'olio rosolare l'aglio, quindi toglierlo e aggiungere la carne. Saltare i bocconcini di manzo per un paio di minuti e unire i funghi tagliati a pezzetti. Aggiungere lo zenzero, regolare di sale e continuare la cottura ancora per un paio di minuti. Abbassare la fiamma e unire la salsa di soia e 3 cucchiai di acqua bollente. Cuocere per qualche altro minuto o finché la salsina non si sarà ristretta.

Spolverare con un pizzico di pepe, guarnire con il cipollotto e il peperoncino tagliati alla julienne e servire.

PIADINA GOLOSA

Ingredienti per 6 persone

- 6 piadine confezionate
- 400 g di carpaccio di manzo
- parmigiano q.b.
- 10 foglie di basilico
- ½ cespo di iceberg
- 1 pomodoro cuore di bue
- maionese q.b. (a piacere)
- olio extravergine d'oliva q.b.
- sale q.b.

Procedimento

Arrotolare le fette di carpaccio di manzo e riporle in freezer per almeno 1 ora. Tagliare la carne a julienne e far saltare in padella a fiamma vivace con un filo di olio, il parmigiano in scaglie e il basilico tritato. Salare, incoperchiare e tenere da parte.

Lavare e sminuzzare l'insalata iceberg e tagliare i pomodori a cubetti.

Scaldare le piadine e, al momento di servirle, farcire con l'insalata, i pomodori e una generosa cucchiaiata di manzo saporito. Ultimare, a piacere, con la maionese.

SPEZZATINO SPEZIATO E RISO BASMATI

Ingredienti per 4 persone

- 600 g di spezzatino di vitello
- 300 g di riso Basmati
- 1 costa di sedano
- 1 carota
- 1 cipolla bionda
- 1 cucchiaio di curry
- 1 cucchiaio di paprica dolce
- 1 cucchiaio di zenzero fresco grattugiato
- 1 bicchiere di marsala secco
- 400 ml di passata di pomodoro
- olio extravergine d'oliva q.b.
- sale q.b.

Procedimento

Rosolare la carne per qualche minuto con un filo di olio e trasferirla in un altro recipiente. Nel fondo di cottura soffriggere un trito di sedano, carota e cipolla. Rimettere la carne e aggiungere, nell'ordine, il curry, la paprica e lo zenzero, mescolando bene tra l'aggiunta di una spezia e l'altra. Regolare di sale.

Bagnare con il marsala, far evaporare e unire la passata di pomodoro. Abbassare la fiamma e cuocere per almeno 1 ora o comunque finché la carne non sarà tenera.

Nel frattempo, portare a bollore 450 ml di acqua, salare e versare il riso. Incoperchiare e cuocere senza mescolare per circa 12 minuti. Spegnere il fuoco, far riposare coperto per qualche minuto, quindi sgranare il riso (che a questo punto avrà assorbito tutta l'acqua di cottura).

Servire disponendo la carne al centro del piatto con intorno il riso.

STRACCETTI DI MANZO ALL'UVA E BRANDY

Ingredienti per 4 persone

- 500 g di fettine di manzo tagliate a straccetti
- 1 grappolo di uva bianca
- ¼ di bicchiere di brandy
- ½ cipolla bionda
- ½ cucchiaino di dado di carne
- 1 cucchiaino di miele
- 1 cucchiaino raso di farina 00
- olio extravergine d'oliva q.b.
- sale e pepe q.b.

Procedimento

Soffriggere la cipolla in una padella con un filo di olio e il dado. Aggiungere gli acini di uva tagliati a metà e cuocerli a fuoco vivace finché non si ammorbidiranno e rilasceranno il loro succo. Portare a bollore, sfumare con il brandy e aggiungere il miele e la farina.

In un'altra padella con un filo di olio, rosolare gli straccetti per 6-7 minuti a fiamma vivace. Quando la carne sarà ben rosolata, aggiungere la salsa all'uva e cuocere per qualche minuto per far amalgamare i sapori.

Aggiustare di sale e pepe e servire.

TARTARE DI TONNO CON SEDANO E AGRUMI

Ingredienti per 4 persone

- 2 fette di tonno fresco da circa 100 g ciascuna
- 1 gambo di sedano
- 1 arancia non trattata
- ½ limone non trattato
- olio extravergine d'oliva q.b.
- sale e pepe q.b.
- 1 foglia di sedano o prezzemolo per guarnire

Procedimento

Tagliare il tonno a cubettini di circa ½ cm di lato.

Preparare una citronette mescolando energicamente l'olio e il succo di arancia in parti uguali insieme a qualche goccia di limone.

Tagliare il sedano a dadini piccoli e unirli al tonno. Regolare di sale e pepe, condire con la citronette e mescolare bene.

Riempire un anello da cucina con la tartare premendo leggermente in modo che rimanga in forma.

Sfilare delicatamente l'anello e servire guarnendo con la foglia di sedano o un ciuffetto di prezzemolo e ½ fetta di arancia.

WÜRSTEL IN CAMICIA CON VERZA CROCCANTE ALL'ALLORO

Ingredienti per 6 persone

- 6 würstel di pollo da circa 75 g ciascuno
- 1 piccola verza fresca o 1 cavolo cappuccio bianco
- 6 fettine di fesa di vitello da circa 60 g ciascuna
- 150 g di gruyère
- 8 foglie di salvia
- 1 bicchiere di vino bianco secco
- ½ bicchiere di aceto di mele
- 7 foglie di alloro
- 2 cucchiai di olio extravergine d'oliva
- sale q.b.

Procedimento

Battere leggermente le fettine di carne dando loro una forma regolare. Disporre su ciascuna fettina un po' di gruyière grattugiato grossolanamente e un würstel. Avvolgere a involtino, fermare con uno stuzzicadenti e incidere le estremità dei würstel con un coltello.

In una padella, scaldare l'olio e rosolare gli involtini a fiamma media. Profumare con la salvia e, a rosolatura completata, sfumare con il vino, unire 1 foglia di alloro, salare, incoperchiare e portare a cottura a fiamma bassa.

Nel frattempo, affettare finemente la verza e spadellarla velocemente con le foglie di alloro rimaste, sfumare con l'aceto, far evaporare e salare. Disporre la verza scottata su un foglio di carta da forno bagnata e strizzata, chiudere a cartoccio, trasferire in una pirofila e cuocere in forno preriscaldato a 160 °C per circa 12 minuti.

Servire i würstel in camicia su un soffice nido di verza all'alloro.

i miei dolci...

...veloci
e golosi!

AMOR POLENTA CON PANNA E FRAGOLE

Ingredienti per 6 persone

- 100 g di farina di mais fine
- 80 g di farina 00
- 150 ml di panna montata
- 1 vaschetta di fragole mature
- 100 g di burro morbido
- 120 g di zucchero
- 2 uova
- ½ bustina di lievito in polvere per dolci
- 70 g di mandorle tritate finemente
- 1 bicchierino di rum
- 1 bustina di vanillina
- sale q.b.
- burro e farina per lo stampo

Procedimento

Montare il burro, lo zucchero e le uova con le fruste elettriche fino a ottenere una crema omogenea. Incorporare le farine, il lievito, le mandorle e un pizzico di sale. Aggiungere quindi il rum e la vanillina.

Versare l'impasto in uno stampo rigato da amor polenta (in alternativa, utilizzare uno stampo da plum-cake) imburrato e infarinato e cuocere in forno a 180 °C per 40 minuti. Sfornare e far raffreddare.

Servire accompagnando con le fragole a dadini e la panna montata.

TORTA DI CRÊPE

Ingredienti per 6-8 persone
- 200 g di farina 00
- ½ l di latte
- 3 uova
- burro q.b.
- sale q.b.
- crema di nocciole q.b.
- 400 g di cioccolato al latte
- 1 bomboletta di panna montata
- 50 g di pistacchi tritati

Procedimento

In una ciotola, disporre la farina, fare un buco al centro e versare il latte mescolando fino a ottenere un composto liscio e senza grumi.

In una ciotola a parte, sbattere le uova con un pizzico di sale, aggiungerle al composto e amalgamare fino a ottenere una pastella liscia e fluida. Coprire con la pellicola e far riposare in frigorifero per 30 minuti.

Scaldare un padellino di ferro (oppure antiaderente), sciogliere una noce di burro e versarvi una piccola quantità di pastella. Ruotare rapidamente il padellino affinché la pastella si distribuisca uniformemente sul fondo formando un velo sottile. Cuocere le crêpe da ambo i lati a fiamma moderata per circa 1 minuto, girandole con una spatola. Farle raffreddare adagiandole l'una sopra l'altra su un piatto rovesciato.

Disporre su un piatto una crêpe e spalmarvi sopra uno strato di crema di nocciole. Ripetere l'operazione fino a esaurire tutte le crêpe.

Sciogliere il cioccolato a bagnomaria e versarlo sulla torta ricoprendola totalmente. Guarnire con la panna montata e i pistacchi tritati.

TORTA NERA

Ingredienti per uno stampo a spicchi

- 170 g di farina 00
- 170 g di zucchero
- 3 grossi cucchiai di cacao amaro in polvere
- 1 bustina di vanillina
- 1 cucchiaino di bicarbonato
- olio di semi di arachide q.b.
- 1 cucchiaio di aceto bianco
- zucchero a velo o salsa di frutta q.b.
- sale q.b.

Procedimento

In una ciotola, mescolare la farina con lo zucchero, il cacao, la vanillina, il bicarbonato e un pizzico di sale. In una ciotolina a parte, amalgamare 250 ml di acqua, 6 cucchiai di olio e l'aceto, quindi versare al centro del composto di farina e mescolare con una frusta. Trasferire l'impasto in uno stampo a spicchi in silicone antiaderente leggermente unto di olio. Cuocere in forno a 170 °C per 35-40 minuti (il dolce deve risultare morbido). Far raffreddare e sformare.

Servire spolverando con zucchero a velo o utilizzando una salsa di frutta.

TORTA SOFFICE AL LIMONE

Ingredienti per uno stampo a ciambella

- 250 g di farina 00
- 160 g di burro morbido
- 170 g di zucchero
- 4 uova
- 2 cucchiaini di lievito in polvere per dolci
- 1 limone non trattato
- 125 ml di latte
- sale q.b.
- burro e farina per lo stampo

~ Per la glassa

- 150 g di zucchero a velo
- succo di limone q.b.

Procedimento

Montare il burro con lo zucchero al mixer, quindi incorporare uno alla volta le uova. Unire la farina, il lievito, 5 cucchiai di succo di limone, 2 cucchiai di scorza grattugiata, il latte e un pizzico di sale. Versare l'impasto in uno stampo a ciambella imburrato e infarinato e cuocere in forno a 165 °C per 45 minuti.

In una ciotola, mescolare lo zucchero a velo con succo di limone e cospargere la ciambella con questa glassa.

E se volete rifare subito una delle nostre gustose ricette, ecco un indice completo dove potrete trovarle facilmente...

Buon appetito!!!

indice delle ricette

a

z

1. primi

2. secondi

a

3. dolci

z